NONFICTION
論創ノンフィクション
047

買春王国の女たち

娼婦と産婦による近代史

森崎和江

論創社

はじめに

「恥を申さな話の理がとおりませんけんの、申しますたいな。わたしはそのとき戸籍がございませんでした」

老女はそういって、静かな語り口で話しはじめた。一九五九（昭和三四）年福岡県の筑豊の、とある町でのこと。

「おとうさんが、戸籍なんかいるかというて、わたしが生まれても、いれてもくれん。もう一〇代になったとじゃけん、戸籍にいれな学校にいくためにもいるとじゃから、とおっかさんがいうて、ところ（郷里）に戸籍手続きをしてもらうごと頼みましたたい。

ところが、ところのおばあさんが、娘を戸籍にいれておとうさんが身売りさせるにちがわん、いうて、どうしてもしてくれませんたい。『そげなこととしておとうさんに勝手させるばかりじゃ』、いうてですの。それでとうとう本学校に、入れずじまいでした。（炭坑の分校に四年まで通った）あねさんも同じことです」

明治三〇年前後に生まれた姉妹は、こうして無戸籍のまま成人した。

おとうさんが身売りさせるにちがいないから戸籍にいれん、とがんばった郷里のおばあさんは、佐賀の、旧鍋島藩の武士の娘であった。福岡県の筑豊地域では藩政末期から石炭が掘り出されていたが、明治になると各地から炭坑をめざして男女が働きに来た。夫婦が一組となって坑内で働くのである。この老女家族も明治中期に転入していた。

その当時、娘を身売りさせる親はすくなくなかった。福岡県でも主要な町に娼楼が建ち、料理屋が軒をならべ、娼妓や酌婦に一二〜一三歳になった娘が売られた。娼妓となるには、親あるいは身元保証人の連判をついた娼妓願に、戸籍の写しをそえて警察へ登録せねばならない。孫娘の身を案じて戸籍届をしない祖母は、嫁《とつ》いだ娘の送籍手続きもせず、遊び好きな男の嫁になった娘と、その孫娘の身を守ったのだった（森崎和江著『まっくら』三一書房刊）。

明治となって政治体制は大きく変わったが、人びとの生活は、民法が明治三一（一八九八）年に施行されるまで、旧来の慣習に従っていた。古来、民事に法律書はなく、人びとは慣行にもとづいて生活秩序を維持していたわけで、女たちの暮らしも慣行下でおのずから定まっていた。

こうした民事慣行は、全国統一的なものではなく、地域や職種、身分などによって違っていたが、それぞれ血縁地縁を軸にした生活共同体によって伝承していた。ほぼ村単位の、この慣行集団からはずれて暮らすのは困難であり、それは村八分に通じていた。

民間の不文律ともいうべきこれらの慣行下で、女たちは成長し、妻となり、子を産み育てた。しかし中には口べらしとして養女にやられたり娼楼に売られたりして、村の慣行からはずされる女もいた。家系を保つために子を産む女たちと、娼妓として不特定多数の男の性欲の対象となる女たちとの間には、共通の慣行がない。両者は別世界を形成した。それは民法施行後もつづいた。両者を往来する男たちの人間観・社会観のままに、産婦を本業とする妻たちと、産むことを禁じられた娼婦たちとは、異なった規範下で生きた。共通することのない二つの価値、異質の慣習が女たちを二分した。

女の性に関するこうした慣行と規範の基盤には、「女の業《ごう》」という観念がただよっていた。神道や仏教をはじめとして共同体間の共通した女性観は、このあいまい模糊とした宿命的性観念と無縁ではない。近代化の過程で定められた女に関する法規もまた、この偏見を内包した。もとよりそれに逆らう人びとも散在する。

一方、男の性には、女の性にともなう原罪的側面は皆無とみなされていた。男の性は主体を意味したので、必然的に、家や共同体や国家の規範の主役であった。

家を守るために娘が身売りをすることは、慣行時代ばかりでなく、明治大正昭和に至るまで、美風とされた。

おキミは天草の牛深で生まれて、幼いころ養女に出された。五つか六つのころであったという。養父は浅草で居合い抜きをして投銭を得ていた人であった。おキミが養女になったころは「因業小屋」という呼び名の小さな興行をしていた。心中とか辻切りとか、蛇娘などを見世物とするのである。おキミは明治二九年の生まれなので、この見世物は三〇年代のことになる。おキミはここに一六になるまでいた。この小屋から、また養女に出された。

おキミは「からゆき」になったのである。唐天竺へ働きにゆくことを、おキミの郷里では、からゆきといった。おキミは養父に連れられ神戸まで陸路を通った。ここで少女がふえて八人となり貨物船に乗った。船員をおとうさんは連れて来て、おショウバイするようにといった。

おショウバイした。門司に泊っていたとき、さらに六人の少女が乗りこんできた。六人ともびっくりするほどやつれていた。船員を相手におショウバイしたあと、おとうさんは食べさせてくれた。船員を相手に仕事をして、食べものを食べて、すこし元気になった少女たちが、たがいに名のった。みんな百姓だといった。六人は一五歳までで、いちばん幼い子は一二だった。おキミは自分がいちばん年長なのか、と思った（拙著『からゆきさん』朝日文庫）。

こうして娼妓界から抜けだせなくなる。男にとってひとときの快楽にすぎない売春街で心身をすりへらし、出身地の村の共同体へもどれなくなる。このように女たちを妻と娼婦に二分するものは、古今東西にわたって永続する人間の性の真理のゆえだと、日本の男たちは主張してきた。けれども隔絶した二つの「女の道」の中で、女とは何か、という自問を女たちは抱き、その解放への答えを探しながら生きた。

近代女性史はその模索史でもある。先に引用した戸籍のなかった老女が、炭坑の坑内で働きつつ子を愛し育て、からゆきとなったおキミが海外の娼廓で人間を憎みつつ生きたように、日本の近代化は石炭をエネルギーとして資本を蓄積し、近隣諸国を国益線として統治下へおくことを目的としつつ、その達成をめざして発展した。この国政のもと、九州わけても福岡県は、豊富な石炭の埋蔵と国境地域という地理上の位置のため、近代庶民女性史上先端的な現象を呈してきたのだった。

この小著では、主として福岡県を中心にして、二分された女たちの全体史を辿ってみたい。かつて日本は家制度とともに公娼制度を敷いていた。国が税金をとって娼妓とし、その身柄を拘束して、男の女買いを公許する制度である。

太平洋戦争に敗れたあと、占領軍の指令によって、家制度とともにこの偏向した性制度は禁止された。けれども今日、不法な管理下で売春を強要される女性はあとを断たない。東南アジア諸国から娼婦として日本へ連れこまれる娘たちは「ジャパゆきさん」と呼ばれ、その存在も周知のことである。性の平等と女たちの解放への不断の歩みを求めながら、この小著を女性史の一側面として書きすすめたい。

買春王国の女たち　目次

第1章　風習とともに

1　嫁になる

婚姻・出産・離縁

明治維新の前後をとおして庶民は生活慣習を守りつつ暮らした。明治五年二月に戸籍法が施行されて、結婚や出産、死亡を役場へ届けることになった。けれども届出が守られたとはいいがたい。当時一般に女たちは一二～一三歳から嫁いだ。役場からは婚姻の式が終わると、口頭で役場へ届けるよう布達された。しかし式をあげたからといって、婚姻成立と考えていたわけではないので、婚姻の届出はおくれる。

司法省が全国の民事慣行を調査した。「婚姻ノ事、親族ノ事、家督相続ノ事」という調査である。これに当時の人びとの基本的な結婚観が現れている。まず、それを開いてみよう（風早八十二編『全国民事慣行類集』日本評論社）。

このころ福岡県は、筑前国、筑後国、豊前国の三国が統轄されてすでに福岡県となっていたが、地元ではみずからの県を「三州」と自称し、かつての国の呼称も生きていた。なおこの調査は明治一〇年と一三年に行われたものである。

「婚姻ノ事」は「三州」では次のような慣行下にあった。

筑前一国ノ人民総テ他国ト縁組スル事ヲ禁ズル法ナリ。婚姻ノ節別段役場ヘ届出ル事ナシ。（筑前国早良郡、那珂郡）

婚姻ノ後、両三月内ソノ熟和ヲ見テ送籍状ヲ取替ワス。（筑後国三潴郡）

娘分ト唱エ婚姻ノ礼式ナクシテ夫ノ家ニ移居スルモノアリ。コレハソノ年又ハ翌年ニ至リ婚姻ヲナストキニ至レバ本式通例ノ如シ。（筑後国三潴郡）

婚礼済、本人引移ルト言エドモ送籍ハ甚ダ等閑ニシテ、両三年ノ後、或ハ出生ノ子アリテ双方熟縁ノ上ナラデハコノ取計ヲ為サズ。（筑後国御井郡）

村方ニテハ庄屋必ズ婚姻ノ席ニ臨ミ媒介人ノ上席ニ坐スル例ニテ、別段送籍スル事ナシ。（豊前国企救郡）

他領ヨリ来嫁スル者ヲ除クノ外、送籍スル事ナシ。（豊前国下毛郡）

右のように婚姻は一般に熟縁をもって成立すると考えていた。熟縁か否かの判断の主体は夫方に傾いていた。また親たちが不承知の場合の出産については次のように処置することを原則とした。

若シ父母婚姻ヲ承諾セザル以前、出産ノ男女子アレバ、ソノ父母ニ具申シ、承諾ヲ受ルノ後ハ通例ノ式ト異ナルナシト雖モ、自然本人ノ身分ヨリ省略スルモノ多シ。然レドモ出生ノ子ニ於テ、権利ノ異ナル事ナシ。（筑後国三潴郡）

父母婚姻ヲ承諾セザル以前出生ノ子ハ、男女ノ別ナク男ノ方へ引取ル例ナリ。（筑後国御井郡）

離縁については全国的な通例は嫁の道具衣類を親元へ返し、籍を戻し、「夫ヨリ自筆ノ離縁状ヲ婦ニ付与スル事一般ノ通例ナリ」。それにたいして、やや異なる慣例として次のような面が福岡県でみられた。

離縁状ハ本人一判シテ加判ハナキモノトス。離縁状ナキモノハ、夫婦居ヲ異ニシ、幾年ヲ経ルト言エドモ再嫁ヲ許サザル慣習ナリ。（筑後国三潴郡）

これは離縁の自由を与えずに別居するのである。男の再婚は自由である。そのほかに次の慣行の地区もある。

夫ヨリ婦へ対シ離縁状ヲ渡スヲ通例トスト雖モ、離縁状ハ渡サズシテ媒介人、或ハ親類ノモノ保証シテ離別ヲナス事アリ。（筑後国御井郡）

離縁ハ媒介人ノ保証ヲ以テ足レリトシ離縁状ヲ受ル者ナシ。（豊前国企救郡）

町方ニテハ他日ノ紛議ヲ恐レ必ズ離縁状ヲ受授スル例ナリ。村方ハコノ例ナシ。（豊前国下毛郡）

これらの慣行は血縁や地縁などの協議を経て具体化された。小倉の町内世話人である『中原嘉左右日記』(米津三郎編、西日本文化協会)には、明治一六年に嘉左右が仲人を介して後妻を入家させ、四〇日ほどで離縁したことが記してある。離縁のあと、執拗に、婚約の折に贈った反物の返還を求めた。翌一七年には二女を一七歳で近村に嫁がせた。二女は翌年に出産。出産後に熟縁を祝して中原家より夜具を贈った。つづいて誕生祝を女中頭に持たせ、二女へも反物を与えた。そして、その後に二女の送籍手続きをしたのだった。

このように両家の熟縁をもって婚姻成立とみる慣行は全国的にみられた。その間の離婚もしばしばみられた。筑後で明治一八年に誕生した詩人・北原白秋も後妻の子である。白秋の姉の生母は離縁後、北原家の近村に嫁いでいた。

一夫多妻の慣行化

福岡県行政の資料の中にも、当時の結婚の概念がうかがえるものがある。たとえば一六年二月の県達に、「男女トモ結婚(聟養子、入夫、又ハ妻妾)ノ為メ送籍スルモノハ管内外ヲ問ワズ送籍証中、本人肩書ノ下へ、初縁又ハ再縁ト記載致スベシ」とあって、この文中に、結婚とは妻妾をともにふくむものと明示してある。

このように一夫多妻が慣行化していた。福岡市東職人町の商人の家庭で、結婚以来十余年たっても子のない妻が、夫に妾を迎えることをすすめ、「果せる哉この女、子をもうけしを」

妻妾ともに愛育し、妻は「官よりその志を賞せられし事のありき」とある（「筑紫新報」明治一二年一〇月一八日付）。

維新後に、司法卿江藤新平らが「自今妾ノ名義ヲ廃シ、一家一夫一婦ト定メ度ノ件」を建議した。けれども六年一月、「伺ノ趣、御沙汰ニ及バズ」と太政官令が出た。この太政官令の背景となる婚姻の実態は、やがて一夫一婦請願運動を生むのだが、天皇の性関係をはじめとして、全国的に妻妾同居の家庭はめずらしいわけではなかったのである。

福岡県では独自に結婚調査を行うことにした。一六年九月の「結婚調査法ノ達」に次のようにある。

妾腹ノ子ハ公生ノ内ニ算入スベシ。但シ、生母公然送入籍ノ手続ヲ了セザルト否トニ係ワラズ公生ノ部ニ入ル。

つまり生まれた子は、公生と私生とに分別した。父親が承認しておれば公生であって、生母の妻妾の別や入籍の有無は関係がなかった。しかし「結婚調ハ男女ヲ論ゼズ、ソノ引取リシ方ノ住所ニ於テ、公然タル送入籍ノ済否ニ関セズ、一夫婦トナシタルモノトス」とあって、婚姻は嫁入婚に偏向していたわけではなかった。

明治三（一八七〇）年一二月制定、四年二月施行の「新律綱領」に、妾をも二親等として妻と妾とは同等とみなすことが明記された。つまり一夫多妻は慣行下での常態だったから、刑法として公布した「新律綱領」では、妻妾ともに夫にたいする性関係上の刑罰が等しく定められたのだった。たとえば犯姦律として次のようにある。

凡《オヨソ》和姦（ナットクズクノミッツウ）ハ各杖七十。夫アル者ハ各徒三年。若シ媒合（ナカウド）及ビ容止（ナカヤド）シテ通姦（ミッツウ）セシムル者ハ犯人ノ罪ニ一等ヲ減ズ。

また姦夫を死に至らしめた本夫の刑も定めてあった。次のように。

凡妻妾、人ト姦通スルニ、本夫姦所ニ於テ親ク姦夫姦婦ヲ獲テ即時ニ殺ス者ハ論ズル事勿レ。

しかし庶民の慣行はもっとおおらかでもあって、次のような面もみられた。『中原嘉左右日記』に、血縁の某家の戸主が死亡したため、親族協議の末、他家より養子を迎えて家督を相続させた。しかしこの家の後家と養子との折合いが悪く、後家は意のままに暮らして私生児を産んだ。この私生児は、親族会で他家へ養女に出したが、後家の暮らしぶりは親族会の意向を無視しつづけた。

筑紫新報にも「姦淫は巧拙《じょうずへた》のあるものにて、これを取押えんとするには、その本夫《むこ》たるものの妻婦《よめ》の取締を厳にせざるべからず」として、とある村で密通の現場をおさえかねた夫が「一族評議の上妖婦《かか》の方へことわりを言うようになりし」とある。

人びとは「新律綱領」によって裁かれる前に、村の慣行である縁者らの協議によって、処分しようと努めたのだった。

一夫一婦制と廃娼

明治一五（一八八二）年一月に、「新律綱領」にかわって刑法が施行された。そして、行政機能が活発化するにともなって、地縁血縁の協議機能は力を弱め出した。

この刑法の制定過程では委員の間で、家族についての論議が高まった。妻妾をともに二親等とすることに反対する廃妾論者の意見が強くなったのだ。ついに同意見をとりいれて、文面の上から妾の文字を取り去ったのである。そのため、姦通罪の条項には妻の文字だけが残った。

こうして姦通罪は結婚した女が配偶者以外の男に通じた罪として、妻に適用されることになった。その刑は六カ月以上二年以下の重禁錮である。夫には、姦通の罪はない。男たるもの、妻以外の女も性の対象だという一般の観念を文面の背後に残した。そして、夫の姦通にたいしては相手の女の本夫が告訴した場合のみ、姦通罪として刑に問われるとした。

また、夫は姦通した妻の離縁は自由だが、妻は夫の姦通を理由に離縁を求めることはできないと同刑法で定めた。重婚にたいしては、罰金と重禁錮の刑を決めた。

このように刑法は公布されたが、一夫一婦が法的に定められたわけではなく、男の性の対象が結婚によって限定されたわけでもない。福岡県の行政が刑法の施行後も、なお妻妾をともに結婚の対象としてその届出を求める県達を、一六年二月に出していたのを先に記したが、そのように慣行が持続していた。

こうして近代に入った日本人の性観念は、女は嫁となって夫と性生活を行い、男は結婚に拘束されることなく女一般を性の対象とする、という刑法上のきまりを生んだ。

これにたいして、明治一九（一八八六）年に創立した婦人矯風会が、男女の性の平等を求めて一夫一婦制の政府への請願を行った。その初めての請願書提出は自決を覚悟して、白の死装束を下に着込み、短剣をふところにしたほどの決意を必要とするものだった。一夫一婦制が女の思いあがりだと排除された背景には、天皇における局《つぼね》制度があるといわれる。それでも矯風会の請願は明治末までに二十数回に及んだ。

性に関する一夫多妻の通念は上層階層に根強いものであり、政府が任命する上級官吏は権妻《ごん》（妾）を伴って任地へ向かった。

しかし民間には別の動きも残っていた。家の跡とりではないままに、村を出た二、三男の中には世帯が持てず、一妻多夫の暮らしをする者もいた。門司ガ関村の二一歳の女は警察分署の説得を聞くことなく、大工日雇いの三人の男の共同妻となった。こうした共同妻の盃ごとは三〇年代まで地元新聞の記事となった。また漁村の中には、漁に出る兄弟の共同妻の慣行が後年まで残ったところもある。

明治二二（一八八九）年一二月二四日「一夫一婦主意書」が福岡県会議員に配られ、「福岡日日新聞」に発表された。一夫一婦を婚姻のあるべき姿にしようという呼びかけ書である。

「国の中、上等の家には蓄妾の風習甚だ盛んなり」
「有妻の男子が妾を置き、婢《ひ》に接し、芸娼妓に接するが如きはみな姦通とす」
「右の主意に基き、一夫一婦の建白をなすことに賛成せらるる諸氏は、至急に、福岡市下名島町五十番地牟田口活版所まで御来談あらんことを希望する」

この主意書が配られた前日、県会に「廃娼建議書」が提出された。これは娼妓の項でふれる。中央では民権運動家や矯風会を中心に、一夫一婦の建白や廃娼運動がすすめられていた。この年に、七〇〇余名の署名を集めて、一夫一婦確立の建白書が元老院へ提出されたのだ。福岡県の動きも、中央に連動したものと思われる。

このころ福岡県の県会議員の中には民権運動家がすくなくなかった。しかし彼らは、まもなく始まる第一回衆議院の議員選挙対策に集中していて、これら建議書は県会で読み上げられただけに終わっている。

2　芸娼妓解放令

年期奉公人の解放

からゆきさんとして明治三〇年代に海を渡ったおキミは、天草の牛深で生まれていた。牛深は帆船時代の重要な港であったから、遊女が多く、「牛深三度行きゃ三度まるはだか」とうたわれるほど、船乗りも客も散財した。幼くして浅草へ養女に出されたおキミは、牛深の遊女が産んだ子ではなかったろうか。そのおキミが成人してもらいうけて育てた養女の綾は、海外の娼楼で、ある娼妓が産みおとした娘だった（『からゆきさん』）。

娼楼で働く女は前借金で売られ、一切の自由をもたなかった。

明治二年三月、開明派の官僚津田真一郎は「人身売買禁止ノ議」を公議所に出した。「娼妓ハ年期ヲ限リテ売ラレタル者ニテ、年期中ハ牛馬同様ナルモノナリ。此娼妓アル故ニ、女子ヲ売買スル悪風アリ」との見解にもとづくものだった。津田は「新律綱領」の編纂にも参加したが、この綱領に「人ヲ略売シテ娼妓トスル者」を「流二等」に処した。しかし新政府も、かつて幕府が認可した遊廓を廃止することなく許可していた。

ところが明治五（一八七二）年一〇月二日、突如として太政官第二九五号により、芸娼妓など年期奉公人の解放令が発せられた。

これまで少年少女の年期奉公は口べらしを兼ねた親孝行とされていた。娘の身売り奉公による年貢の完納は、貧困層にとって切ない常態となっていた。病親を支える少年の年期奉公もそのまま自活の端緒だった。村はこれらを是認し、村役は身売書に連判を押してきた。南島では、生涯身売りの農奴制によって共同体を守っていた（森崎和江・川西到共著『与論島を出た民の歴史』たいまつ社）。年期奉公は奉公のはじめに金員をその保護者が受け取り、年期中は無給である。

こうした奉公の慣習によって、農村の貧困層は家を保ち、多くの商店は支えられ、遊廓もまた繁昌していた。その慣行の禁止令だった。

「娼妓・芸妓等年季奉公人一切解放可到、右ニ付テノ貸借訴訟総テ不取上候事」という太政官布告である。

この思いがけない布告に人びとはとまどった。口べらしをかねて売られた娼妓たちは家へは戻れない。食べるすべもなく困惑する。そして誰よりも娼楼の主である雇用主は前借金の棒引きに抵抗した。

重ねて一〇月九日、司法省第二二号により「娼妓芸妓ハ人身ノ権利ヲ失フ者ニテ牛馬ニ異ナラズ。人ヨリ牛馬ニ物ノ返弁ヲ求ムルノ理ナシ」と貸金の徴収を禁じ、解放を厳命した。「人ノ子女ヲ金談上ヨリ養女ノ名目ニ為シ、娼妓芸妓ノ所業ヲ為サシムル者ハ、其ノ実際上則チ人身売買ニ付」前借金を棒引きとして解放すべし、と命じたのである。

この突然の布告は、国際的な批難に対処したものであった。五年六月ペルー船マリア・ルーズ号が横浜に入港したさいに発見した船内の清国人奴隷を、日本政府が裁判にかけて、人身売買は違法と断じた。ところがペルー船の弁護人が、日本にも人身売買があるとして芸娼妓を中心にした年期奉公を指摘したのだ。政府は国際的反応の拡大を考慮し、直ちに芸妓娼妓をはじめ年期奉公人の解放令を発布したのだった。

遊女から私娼へ

この解放令にたいして、遊廓や遊女屋では、娼妓を年期奉公と前借金で抱えることは禁じられたが、売春稼業そのものが禁じられたわけではない、と判断し、各地で営業継続のための対応策を講じた。

福岡県は当時、小倉県、福岡県、三潴《みずま》県に分かれていたが、三県ともそれぞれ解放令に対応した。

小倉県ではそれまで遊廓を置くことなく、芸妓稼業のみを小倉手掛町と仲津銀杏町に認可し、また宇ノ島、田野浦などの港に茶屋女郎として遊女屋を許していたので、「茶屋女郎ノ義、自今飯盛《めしもり》ノ名儀ニ相改メ」て営業すべしとの布達を出した。けれども政府の重ねての布告により、この布達を改め、すべての遊女を解放した。このとき田野浦の三軒の遊女屋には二〇歳以下の遊女が一五人いた。その中に一〇歳と五歳がそれぞれ一名ずつ含まれていた。幼い折に養女として買われ、雑用を果たしていた遊女見習いである。

福岡県では一月二〇日に布達を出し「娼妓芸妓ナド年期召抱エノ者ハ速カニ解放ノ上届出ルベキ事」とした。藩制期以来の遊廓が博多港にほど近い柳町にあった。また柳町と石堂川をへだてた粕屋郡堅粕村の松原には数軒の水茶屋が芸妓を置いていた。ここでは表向き売春は公許されていなかった。しかし芸妓は娼妓同様、前借金による年期奉公である。県では重ねて一一月一五日の布達で、彼女たちの解放状況を各区長に報告させ、その完全実施を求めた。

三潴県では解放令以前の五年九月二七日に「芸妓娼妓アルイハ酌取女飯盛女ノ類、地方ニ於テ新規営業」は許さぬこと、「茶店売店ノ称ヲ以テ遊女芸妓体ノ者留メ置キ、弦歌踏舞売淫ノ振舞」をするを禁ずる旨を、通達していた。解放令にたいする直接の対処資料は見当たらない。

こうして新政府は全国の遊廓や遊女屋の女たちを解放した。帰る家のない女たちが巷にさまよい生計に困って私娼となる。遊廓業者のまきかえし運動とともに、私娼弊害論が有力化した。遊廓がないと街娼などの私娼がふえて風紀が乱れる、遊廓は貧しい階層の女を救う制度だ、という論旨である。

政府でも先進諸国の人権擁護論と国内的な存娼論とを、矛盾なく整える方法を模索した。そして娼妓解放令の実施後、新規に売春を業とする場合は、地方長官の権限に一任する方法がとられた。地方長官は地元の実情に応じて、娼妓の自営業を認めることとした。これは人身売買的な年期奉公ではなく、各娼妓の自営業と、娼妓に座敷を貸す貸座敷業とを、出願者に免許鑑札を与え、税金を納めさせて認可する方法である。

福岡県では解放令後、一年もたたぬ六年九月三〇日に「芸者並貸座敷渡世者内規則」を出した。これに従って県下の売買春を認可することにしたのである。人身売買にまぎらわしい行為を禁じ、事情によってやむなく芸者渡世を願う者は、保証人ともども県に申し出て鑑札をうけること。娼妓芸妓の名称を廃して、接客女を芸者と呼ぶ、とした。

そして、この芸者の営業地域を限定した。どこで稼いでもいいわけではなく、貸座敷免許地内のみで稼ぐこと、とし、次の八カ所を貸座敷地域とした。福岡、博多、堅粕、蘆屋、若松、宰府、湯町、甘木である。これらの地の茶屋、料理屋に貸座敷業を認可し、業者と芸者は「相対示談ヲ以テ相当ノ座敷賃ヲ受取ルベキ事」としたのだった。

つまり解放令で禁じられた年期制、前借金制、養女制をやめて、娼妓芸妓の別なく、ともに芸者と呼んで自営業をさせる。彼女たちに座敷を貸す茶屋、料理屋、遊廓を貸座敷業とする。こうして前借金による身柄拘束のない、西欧でも認めている自営業である私娼を認可する、としたわけだった。同時に貸座敷業を認めた。そして芸者と貸座敷業者は、互いによく話し合って、適当な座敷賃を決めよ、と県は布達を出したのである。

小倉県では解放令後遊女屋は閉ざされたまま廃業した。小倉町や宇ノ島に芸娼妓所が設けられるのは、福岡県に小倉、三潴の両県が合併したあと、町民の運動によるものである。

三潴県では解放令の翌六年の一二月一三日、「遊女芸妓俳優者規則」を出した。「自ラ遊女トナリテ父母ヲ養ハント願フ者」また「一家ノ生計ヲ立テンガタメノ芸妓ノ渡世」を願う者を詮議の上、認可して鑑札を与える。しかし「芸妓ニテ遊女」の稼ぎをすることを禁ずる。遊女の渡世地は、筑後川が有明海に注ぐ川口の港町若津に限定する、とした。

「遊女貸座敷規則」も発布した。貸座敷業者も詮議の上鑑札を与え、月税を定め、遊女と相対で「畳敷幾間、一昼夜何程」と互いに料金を決めておくこと。また遊女に賄《まかな》いをするなら、これも相対を以て、金額を定めておくこと、とした。芸妓は他の遊芸の者と同じように、久留米、柳河、若津などで稼ぎ、月税を納めることを定めた。

福岡県ではその後、八年一月一日の施行でもって貸座敷免許地を次の五カ所に改めた。博多柳町、粕屋郡堅粕村水茶屋、遠賀郡蘆屋村、同郡若松村、筑紫郡宰府村である。福岡、湯町、甘木の三カ所は免許を取り消した。

三　貸座敷はじまる

男の責任を問わない女買いの制度

突如とした芸娼妓解放令の公布のあと、翌六年の六月一三日、太政官は巷で散見するようになった売買春にたいして、これを広義の姦淫とみなして処罰の対象とする条例を出した。

凡私娼ヲ衒売スル窩主ハ懲戒四十日。婦女及媒合容止スル者ハ一等ヲ減ズ。若シ父母ノ指令ヲ受ケタル者ハ、罪ヲ其父母ニ坐シ、婦女ハ坐セズしかし各府県がそれぞれ公許の貸座敷制を設けると、九年一月の太政官布告でこの犯姦条例を廃止し、娼婦取締りを警視庁と地方長官にまかせたのだった。これによって解放令とともにまがりなりにも管理売春を禁じ、性の人格化へ向かうかの気配をみせた法規はなくなり、地方長官認可の売買春が、限定された地区内で営業を開始した。公娼制である。

この年、福岡県は四月に小倉県を、八月に三潴県を併合して現在の福岡県が誕生したが、娼婦取締りが警視庁と地方長官に一任されると、七月一一日、県布達第三三〇号「売淫懲罰則」を公布した。「凡県庁ノ允許ヲ得ズシテ売淫ヲ為シ、及ビ媒合容止スル者初犯ハ十円以内、再犯以上ハ二十円以内、窩主初犯ハ十五円、再犯以上ハ三十円以内ノ罰金ヲ科ス。但シ、父母等ノ指令ヲナス者ハ其罰ヲ指令者ニ科ス」というもので、県庁の許可を得れば売淫を認める公娼制を警察で守り、その他の売春は私娼として罰金刑に処することとしたのだった。そして私娼営業をみつけて届出た者には、賞与を与えるとし、一二月には県布達第四九一号「芸娼妓規則」と「貸座敷規則」を公布、芸者という呼称をふたたび芸妓と娼妓の呼称にもどして、三県が統合した新しい福岡県の遊里対策としたのだった。

民間で三州と呼ぶ新生福岡県の芸娼妓対策は、芸妓娼妓ともに貸座敷地域内に居住して、その地域内で稼ぐこと。貸座敷免許地は次の七カ所とした。博多柳町、粕屋郡堅粕村水茶屋、遠賀郡蘆屋村、同郡若松村、三笠郡宰府村、三潴郡若津浦、竹野郡松崎村である。芸妓は芸を売る者の呼称、娼妓は客として登楼した男の性交の相手となる女の呼称。ともに貸座敷業者に、座敷を借りて、自営業を営むというたてまえだった。

しかし当初から、芸娼妓ともに前借金による身体の拘束がともなった。先に記したように、性観念は男女の性にたいして大きな違いがあり、女は嫁となって姦通罪で規制され、男は拘束なしの性交自在であったから、家の外での、性交相手を必要とした。つまり「買春」を必要とする。性交に関するどのような責任も問われない、簡便な制度を社会的に公許しようと努めた。その明治九年度の制度が、この地方長官公認の貸座敷制である。

性観念も、そして売買春のありかたも、時代とともに移り変わる。それは世間一般の通念となっている「売春は世界最古の職業」などではない。すくなくとも日本の近代では、まず「買春」意識が男たちに姦通罪の偏向を定めさせ、妾や婢と同じように、より責任のともなわぬ女買いの制度を求めさせたのだった。

女の売春業の自営（貸座敷に依拠しない私娼）は、貸座敷制下では犯罪となった。「売春」「売春婦」などの語法には、性観念の偏向が固着しているのである。

ところでほどなく、鹿児島で西郷隆盛軍が兵を挙げた。西南ノ役である。九州は騒然となった。福岡県は官軍の軍隊軍夫の出動で、各地の港がにぎわった。

若松では「西郷隆盛九州のえびす、いくさするする金をまく」という俗謡がはやり、筑後川の川口の港町若津は「肥後のノスカイ肥前のオッタボ集り来り上価大いに騰貴」した。筑後川中流の港である久留米の瀬ノ下町でも「百余名のオッタボ集り宿の二階も踏み落ちんばかり」となった。そして「婦人陸続として戦地に赴き」と、「筑紫新聞」は伝えたのだった。

また筑豊の炭坑から坑夫たちが頭領に引率されて、軍夫としてぞくぞくと南下した。彼らは戦地で女を抱き、バクチをたのしんだと『頭領伝』にある。これらの女が私娼として取締りの対象となった記事は、当時の新聞でも見当たらない。近代国家をめざした日本の軍隊の慰安婦は、この初めての官軍の出動とともに登場しているのである。

県下最初の軍隊は、明治八年に小倉城内に設置された。この部隊がまず西南ノ役に出動した。小倉港に船がふえ、町に貸座敷が求められた。そして戦役が終わり部隊がもどってくるや、一一年七月、小倉町総代が貸座敷設置願を区長に出した。

この年の七月には県会が発足した。筑前、筑後、豊前の住民代表が初めて一堂に会して、他県会同様に県下の諸件について協議することとなった。貸座敷の件も議題となった。この県会発足の折に群馬県では廃娼を採択した。福岡県ではその動きはない。この年の九月一一日に、甲第一八六号「貸座敷並芸娼妓規則」が発せられて前回の規則は廃され、一〇月一日より施行となった。

新規則で、貸座敷免許地は五カ所になった。博多柳町、粕屋郡堅粕村水茶屋、三瀦郡若津村、遠賀郡若松村、同郡蘆屋村である。宰府村と松崎村が取り消された。貸座敷業者は娼妓の写真とその揚げ代とを店頭に掲げることが決められ、定められた娼妓価額の他に金銭を取るべからず、とある。女たちの自営というたてまえは消えた。ただし「娼妓ヲシテ早ク正業ニ移就セシムルニ注意シ、無益ノ出費ヲ促スベカラズ。且ツ後日正業ニ移就スルニ妨ゲトナル可キ大金ノ負債等ヲナサシムベカラズ」とした。

さらに芸妓娼妓とも二四カ月を限って稼ぐことを決めて、身分を固定化しないようにしようとした。その間は貸座敷内に住み、外出には外出証を要し、外出時間は午前九時から午後四時までとした。芸娼妓とも年齢に規制はない。そのため、一二〜一三歳の娼妓もみられた。芸妓で娼妓を兼ねる者は娼妓鑑札をも必要とし、娼妓は梅毒検査を受けることが課された。

この一一年に旧小倉県の田ノ浦から貸座敷免許の申請が県に出されて認可された。県内の認可地は六カ所となった。これら六カ所に、貸座敷が七九軒、芸妓七七名、娼妓二一五名がいた(明治一四年「県統計書」)。

これら娼妓の賦金四、八五四円一〇銭三厘をはじめ鑑札料や、貸座敷賦金および同鑑札料の合計七、六六九円二〇銭三厘は娼妓に必要な検梅所の設置や設備、また治療所などに使われることなく、県警察署の機密費にまわされた。同機密費の国費補助が減額されたためである。検梅の諸経費は三分の一におさえられた(「県統計書」)。

以上のように、規則上、芸妓娼妓は前借金で各貸座敷業者が抱えるが、「大金ノ負債」をさせず、年期も二四カ月、つまり二年という短い年月限りとし、外出証は必要だが外出も認めることと定められた。しかし、この規則は守られることなく、「正業ニ移就スル」ことは困難だった。そして就業前の検梅と、その後の検梅が義務づけられた。

芸妓営業の仕組み

明治一五(一八八二)年四月、県会で芸妓の居場所指定が問題となった。県の「芸娼妓規則」

では、芸妓娼妓ともに貸座敷免許地内の娼楼に居住し、同地域内で稼ぐこととなっている。しかし芸妓は娼妓とは異なり、「淫ヲ売ルニアラズ、芸ヲ売ル者」である。それを、なぜ両者がともに居住指定下にあるのか、と県議は問うた。

「ソノ地域ハ政府ノ定ムル所ナルヤ。当県ノ適宜ナルヤ」

一県議が問う。県の属官が答えた。

「政府ノ定メシモノニハアラズシテ、県令（県知事にたいする当時の呼称）ノ見込ニヨリ出デ、貸座敷外ニテ営業スルヲ禁ゼシナルベシ。併シ貸座敷ノ場所ナラバ、何地ニテモ行ウヲ得ベキナリ」

「場所ヲ定メザレバ支障アル理由ハ如何」

「風俗ニ関係アルヲ以テナルベシ」

「芸妓ハ雑種税ノ内ニ入リタル以上ハ、出願セバ何レノ地ヲ問ワズ許可スベキモノナレドモ、風俗ニ関係アルヲ以テ本県ハ場所ヲ定メラレタルナルベシ。然ルニ愛知県ハ出願スルモノアレバ市鄙ノ別ナク之ヲ許シ、岐阜県ニ於テハ一カ所モ許サザルコトニ定メアリ。故ニ本県モ適宜ニ箇処ヲ制限シ、政府ノ許可ヲ受ケテ左様ニナリ居ルモノト思惟セリ。果シテ然ルヤ」

これは県議となる前に、愛知県庁の高級官吏として地租改正で活躍した岡田孤鹿《ころく》の質問である。県会が開始されるや退官して帰郷し、県議となった。彼は自由民権派の指導者として県の内外で活躍する。国権派の県知事と対立しつつ県会議長をつとめ、やがて衆議院に当選するのである。岡田は愛知県在任中に、岐阜県との県境地域である丹羽葉栗郡長を務めたので、これら両県の内情に通じていた（森崎和江著『荒野の郷――民権家岡田弧鹿と二人妻』朝日新聞社）。

彼の質問に県の係員が答えた。

「政府ノ許可ヲ受クベキモノト信ズレドモ、別ニ取調べザレバ今確答シ難シ」

「然ラバ速ニ取調べ答弁アリタシ」

こうした議員の質問にたいして、県の属官は翌日返答した。

「現今ハ既ニ職制変ジテ政府ノ許可ヲ受クルニ及バズ。県令ノ見込ヲ以テ定メテ可ナリ、ト」

「然ラバ県令ノ職権ヲ以テ制限スルヲ得ルトノ謂カ」

と決定権を問い、

「区画ヲ定ムルハ常置委員会（県会議員より選出した常設の諮問委員会）ニテモ諮問セラルルヤ」

と、芸妓営業区画決定にたいする県民参加の有無を問うた。

これらの質問者は岡田弧鹿をはじめ、いずれも民権派県議である。彼らは風俗営業認可の主体がどこにあるかを問い、芸妓営業権が他の同じ雑種営業者の営業権に比して、拘束の度が強い点を問題にした。

そして、芸妓営業区画取調委員会の設置を議案とした。「三州」について協議する県会だが、県議たちは出身地外の他州の町の実状に疎い。三州に通ずる道路は整っておらず、交通は徒歩である。県議は人力車や船によって県庁のある福岡市に出ていた。

門司の対岸である山口県下関は船の出入りが多く、遊里が繁盛している。これが問題になった。

「豊前地方ニテハ鎮台ノ士官等モアレバ（筆者注、小倉司団のこと）、馬関ヨリ芸者ヲ呼寄セ、夜泊セシメテ帰セドモ、県庁ハ之ヲ止ムルデモナシ」

「陸軍屯営設置以来、士官等ハ電報ヲ以テ馬関ヨリ芸妓ヲ呼寄セ、大層愉快ヲ窮メ、小倉ニ集マルベキ金モ皆馬関ニ行クニ至リタレバ、寧ロ小倉ニ芸妓営業場ヲ設置スベシ」

論議は数日にわたって重ねられた。そして芸妓営業地として、豊前の宇ノ島、小倉、筑後の久留米、柳河の四カ所を新たに芸妓の営業地に加えることを決定した。また、芸妓の月税三円五〇銭が適当かどうかも論議された。

「芸妓ノ税ハ過当ナル税額ニシテ他ノ大イナル営業ノ税ニシテモ三ツ合セザレバ肩ヲ比スルコト能ハズ。マタ職工ナドニスレバ百人寄ラザレバ芸妓一人ニ敵スルコト能ハズ」

「苛税トノ説モアレドモ之ハ間接税ナレバ、税ガ増ストモ線香代トカ、糸代トカヲ増セバ可ナリ。芸妓ヲ聘スルモノハ線香代ノ五銭十銭クライ増ストモ止ムルモノニアラズ」

などの論議の末に、現行の税は適当ということになった。

そして一五年一〇月一九日、県達第七六号で「貸座敷規則」「娼妓規則」の改正が公布された。また翌一六年三月一五日には県達第一九号「芸妓営業取締規則」が公布された。はじめて芸妓が独立の規則によって認可されたのだった。

この度の改正は、貸座敷業は娼妓に営業場所を貸すべく、所轄警察署から鑑札をうけ、毎月賦金三円を納めること、店頭に娼妓の揚げ代を掲げること、などと基本的なことは変わっていないが、張店を禁ずるという条項が加わっている。この張店はその後も改まることなくつづいた。営業地域には先年認可した企救郡田ノ浦が加えられ、県下に六カ所となった。

娼妓稼業の改正の主な点は、はじめて年齢が制限されたことで、一六歳未満の者を禁じた。営業期間を二四カ月とした点には変化はない。

芸妓は戸長に届出て営業看板に検印をうけたあと、親族もしくは身元保証人とともに、所轄警察署へ出頭して鑑札をうけること。営業許可区域内に居住すること。これまで芸妓は貸座敷に居住し、同営業地域内での稼業に限られていたが、その地域外に数カ町村が追加された。しかし娼妓を兼ねる芸妓は「娼妓規則」の適用をうけ、娼妓の鑑札をも必要とした。

芸妓の営業期間の二四カ月という限定はとり消され、年齢制限もなくなった。その営業地域は次の通りとなった。これは居住地域の指定でもある。このときはじめて芸妓に町芸妓が認可されたことになる。つまり貸座敷地域外の指定町村に住み、同町村の料理屋や旅館などで営業するのである。

芸妓営業が認可された場所は、筑前地方は博多柳町、粕屋郡堅粕村水茶屋、遠賀郡蘆屋村、同郡若松村などの貸座敷免許地の他に、福岡市街と博多市街。筑後地方は三潴郡若津の貸座敷免許地の他に、久留米市街、柳河市街。豊前地方は小倉市街、企救郡田ノ浦、同郡宇ノ島の三カ所に認可された。

さっそく小倉では芸妓置屋の設置場所を舟町とし、ここに「芸娼妓所」を置いた。貸座敷街をひらいて芸妓、娼妓を置いたのである。

福博市街では一七年四月に博多湾に接した釜屋町から芸妓営業出願が出された。市内芸者の始まりだと筑紫新報が報じた。町名が萱堂町と変わり、一八年には芸妓は二〇余名となった。

彼女らは市内の料理屋で稼ぎ、水茶屋芸妓を圧倒する目論見あり、と「福岡日日新聞」が伝えた。

他に太宰府町と福博市街より芸妓置屋の出願があり、他町にもその動きが出てきた。芸妓営業地の拡大は男たちの遊興の場の拡大である。必然的に同地に私娼をふやした。私娼とはいえ、いんばいと俗称される女たちは、公娼と同じく、前借金と年期にしばられた管理売春宿の女である。私娼は認可されてないので、しばしば売淫で挙げられ、苦役に処せられた。苦役日数は検挙回数に応じて一五日とか一カ月とかであり、苦役五カ月などという女もいる。

遊郭の性病対策

明治一五年の「娼妓規則」、一六年の「芸妓規則」にはそれぞれ違反者の罰則が定めてあった。ことに芸妓はしばしば違反で挙げられた。芸妓に禁ぜられている売淫で挙げられるのである。「水茶屋の芸妓十八歳、売淫にて罰金十円」「水茶屋の芸妓十七歳、売淫にて罰金七円」など と地元の新聞が伝える。源氏名ばかりでなく、実名もそえて。芸妓として鑑札を受けつつ、娼妓鑑札は持たぬまま、客の求めを断てずに罰金を課されるのである。客は売春料をこめた揚げ代を料理屋や宿主に支払っている。もちろん客に罰金制はない。

「娼妓十六歳、外出証を持たずに貸座敷外に出て、道路で放歌し、一円の罰金」

娼妓がおおっぴらに外出できるのは、規則で定められた検梅の日だけである。その他、当人の病気とか親の病気見舞いとかで貸座敷地域外に出るときは、警察の外出証を必要とし、定められた時間内に戻らねばならない。

貸座敷免許地は遊廓と俗称された。同地域内の各貸座敷は二階建、三階建の娼楼に、数人から数十人の芸妓、娼妓を抱えていた。こうした娼楼が免許地域の中に軒を並べ、道路に面して建っている。各娼楼の入口には張店があり、化粧した娼妓が客を待つ。張店は通りからよく見えるように格子となっている。客は娼妓の品定めをして、相方を決めて登楼する。

規則ではこの張店を禁じ、前借金制も禁じている。娼妓稼業は二四カ月。しかし実態は前借金と年期にしばられ、二四カ月はおろか、ほとんどの女が何年たっても廃業できない。旧遊廓の慣行を公娼制は持続した。

一八年一月のこと、柳町の娼妓二〇歳は検梅のために堅粕村松原にある松原病院へ同僚と行き、帰路、某楼主とおちあって心中した。娼妓が外出できる唯一の日に、近くの海岸から、ともに海に身を投げたのだった。

検梅は梅毒の検診である。娼妓となる者は検診をうけて健康な者だけが娼妓鑑札を渡される。もちろん鑑札料を支払う。そして楼主である貸座敷業者に抱えられる。

ところがたちまち梅毒に感染する。福岡県では一二（一八七九）年一二月に、福岡市の柳町と市郊外の水茶屋、そして有明海の港町若津の三カ所で検梅をはじめた。公娼制度が必要視される最大の理由は、この制度がないと巷の売春婦によって梅毒が拡散するので、特定地に女を集めて常に検梅を行ってその蔓延を防止する、というものである。

しかし女たちには、感染を防ぐ権利も自由もない。さらに、その治療の完全を求めることもできない。感染者は薬を与えられ自宅治療を病院から告げられる。しかし楼主は、営業休暇をきらって接客を強いた。

一四年六月に福岡市郊外の堅粕村松原に、県は松原駆梅院を建てた。そして同院の規則を定めた。

梅毒ニ罹リ、入院スル娼妓ハ食費、薬価、夜具、薪炭、油、看護費ハ賦金ヲ以テ給ス。娼妓他ノ疾病ニテ入院ヲ乞ウモノハ、其費用総テ自弁トス。但シ梅毒以外ノ伝染病ハ入院ヲ許サズ。

この賦金は当時月二円五〇銭宛、娼妓が県に納入していた税である。同院長を命じられた麻生貞資料には右の規則とともに次の記録が残されている（天児都所有。天児都論文「福岡駆梅院と性病対策」福岡県医報・第一〇九七号別冊所収）。

明治十四年十月十四日。入院患者、父母ソノ他親族ノ病気看護或ハ事故ニヨリ帰省セントスル者ハ、一定ノ書式ヲ願出デシメ、院長ニ此ヲ適宜処分スベキ旨、県令ヨリ通達。

同年十月二十七日。堅粕村ノ内、妙見、水茶屋、松原ヨリ治療請求ノ場合ハ、繰合セ治療スベキ旨、渡辺県令ヨリ通達。

この記録によって貸座敷免許地域の水茶屋以外にも、隣接地に営業者が散在していたことが知れる。なお次の資料もある。

同年十一月一日。梅毒検査ハ以後、水茶屋柳町ヲ合シ、金曜日ト定メラル。

こうして曜日を定めてこの地方の検梅が実施された。しかし他の貸座敷地域では駆梅院の建立はおくれた。

若津駆梅院。「十二年十二月検梅を始めたるも有毒者はなはだ多きを以て、仮に元締所（筆者注：貸座敷地域内事務所）を以て病室とし、続いて十三年十一月駆梅院とす。其院舎は元締所と同じく借家を以て之に充つ」

蘆屋検梅所。「十四年二月検梅所をおき、蘆屋公立病院に其医務を托す。有毒者は薬料を与え、自宅にて療養せしむ。其家屋は右病院において弁ず」

右は福岡県議会史によるが、若松の娼妓たちは一三年三月から小倉公立医学校で検梅。田ノ浦はさらにおくれた。二一（一八八八）年一月二六日、庁達第六号により「梅毒検査ニハ、郡区役所衛生主任ヲ検査立会官トシ、立会官ハ検査医員及ビ遊廓元締ヲ監督シ、時宜ニ依リ警察官臨監スルコトアルベシ」と徹底化された。

しかし明治四〇（一九〇七）年に松原娼妓診断所長に赴任した麻生貞（松原駆梅院資料所有者。前記の資料は麻生が四〇年に赴任して記録したもの）は、検梅の実情のずさんさに驚き、建白書を上司警部宛に提出している。これによると四〇年当時も県支出の検査費、治療費は極度に低く、検査機器の煮沸消毒さえできぬまま、娼妓検診に共用し、感染した娼妓は他の病院に入院するほど、不完全な施設であった。

「其不整頓ナル言語ニ絶シ、調剤機械ノ不完全、薬品ノ不足（略）患者其者ノ不幸ハ果シテ幾何ナルヲ知ルベカラズ」と建白書にある。

第2章　家制度の確立へ

1　捨て子と堕胎

子返し・子戻し・子殺し

「百日余りの女児の捨てありたる。かたわらに一封の添書あり、八幡宮子筋道《すじみち》はよき云々とあり」と明治一三年一〇月一八日の筑紫新報にある。捨て子の多くは地域の住民によって育てられた。国費によって養うようになったのは福岡県では一八（一八八五）年からで、福岡市内では一八年に四〇人、一九年に三五人というように、毎年三、四〇人の捨て子がみられた（明治二四年刊『福岡市誌』）。男児の捨て子のほうが多い。女の子は養女として売られることが多かった。

死体となった棄児や棄てられた胎児なども、日々の地元新聞にちいさく報ぜられた。福岡県では一四歳以上の死亡届には既婚未婚の別を記載させた。女は一二～一三歳で嫁ぎ、一三～一四歳で子を産んだからである。この年齢は男女ともに一人前の稼ぎ手だった。家業に従うばかりでなく、他家に住み込んで働いた。そのため女の子は雇用者によって、しばしば妊娠させられ、私生児を産んだ。男の姦淫は罪に問われることなく、彼らの権利だった。雇用者によって私生児は養女に売られた。

明治二五（一八九二）年から三〇（一八九七）年までの私生児数は表1の通り。これには庶子がふくまれる。なお当時の統計は福岡県に本籍を持った者のみであり、他県からの転入者はふくまない。

この当時、出生の届け洩れが同県で毎年一、一〇〇人から一、五〇〇人いたので、私生児数ももう少しふえるだろう。

堕胎は産むことができない立場の妊婦が慣行としてきた。遊里では避妊の担当者が、毎日娼妓の生理の有無をしらべて処置してきた。

本籍者の出産・私生児数

明治	男児	女児
25年	784人	823人
26年	838人	815人
27年	811人	850人
28年	871人	830人
29年	937人	955人
30年	987人	923人

表1　県統計年鑑「公正私生児の別」より

一方、『懐妊避妊自在法』などという冊子が、「男女交合して、みもちになる方法、みもちにならぬしかた」を記した珍書として、福岡市や久留米市の取次店で扱われた。子おろしの漢方薬が売られた。避妊用具の子宮サックが新聞広告として地方紙に出たのは、明治の後半に入ってからである。民事が慣行を法としていた二〇年代末まで、堕胎は出産直後の子殺しともども、共同体内の共通の痛みとして「子返し」「子戻し」の心情に支えられていた。

「新律綱領」に堕胎罪はない。心中に関する罪の一端に次の規定があるばかりである。「同ジク謀リ、薬ヲ用イテ堕胎スルニ姦婦、身死スル者、姦夫ハ流三等」

つまり密通者どうしが相談して女が堕胎薬を飲み、あやまって女が死んだとき、男は罰せられた。その他の場合の堕胎は、一般に、前世へ子を戻すこととして、共同体の存続のための習俗の範疇に入っていた。しばしば百人村などという村が全国各地にあるが、人口の一定化を維持しつづけた村の、限られた生産力とのバランスを、子返し子殺しが支えていたのである。

堕胎について

明治一五（一八八二）年に刑法が施行されたが、福岡県では二五年ごろから実際に、姦通や堕胎など民事の取締りが強化された。
刑法には堕胎した女にたいする刑や、堕胎手術をほどこした医師、産婆、薬商にたいする刑、また妊婦をだましたり暴行を加えたりして堕胎させた者にたいする刑が定めてある。地元新聞には実名で堕胎罪に問われた者が報ぜられはじめた。福岡区裁判所公判記録の中から、二六（一八九三）年四月の堕胎に関する判決を次に抄述する。

（前略）被告禎順ハ医業ヲ為シ居ル処、被告浜吉二十三年七ケ月ガ、兼テ私通為シ居ル被告ミツ十九年四ケ月ガ懐妊トナリタルヲ明シ、堕胎為シ呉レ度依頼セシヲ諾シ、三月十一日午後十一時頃、浜吉方ニ於テ、曲尺五寸バカリノ木切レヲミツガ陰門ヨリ子宮内ヘ挿入、施術セシ為、ミツハ九日ヲ経テ堕胎シタルモノナリ。

右により被告の禎順は重禁錮一カ月と七日、浜吉は重禁錮一カ月、ミツは重禁錮二三日という判決だった。浜吉は堕胎すべく教唆した罪、ミツは教唆によるので罪一等を減ぜられた。

堕胎罪の適用は人びとの性観念を大きく変えていった。福岡県の各地の村でも、女の子が一三歳になれば同村の若者宿に酒一升を贈って成女の仲間入りをし、村の男たちと同衾する風習があった。結婚の多くはこうしておのずから定まっていた。一般に結婚前の性交渉はおおらかだった。そのおおらかさや、娘による性交相手の決定権が急速にくずれていった。若者たちの夜這いは村の娘を相手にしがたくなり、村の家々に奉公に来ている他村の女を求めた。奉公女たちの堕胎や子殺しが絶えず報道されるようになった。

2 受胎しない女たち

貸座敷の業態

性交による受胎は自然の理である。

しかし芸娼妓は受胎しない女体として商品化された。堕胎や子殺しは公娼制度を存続させるための、不可欠の処置である。彼女らは刑法に律せられることなく、同地域の慣行下で生きた。維新から民法施行までの三〇年間、民事は慣行に従って営まれていた。その一般の日常生活にたいして、旧遊廓の慣行を受けついだ「貸座敷免許地」や、それに準ずる無免許の娼楼地である料理屋街では、世間的な非日常性を日常とする特異な性生活空間を形成した。ここでは村や町の生活共同体を維持する民事慣行の規範が、意味を持たない。この特異な性空間は、日を追って明治期の町村の一角に拡大し、各地で定着へ向かった。それは資本蓄積期の社会に必要不可欠な制度として、男社会に浸透していったのだ。しかし一般に、無抵抗にこの非日常性を町村内に持ちこんだわけでもない。二章では折々にその普及過程をみていくことにしたい。

九州の新しい貿易港として、門司と博多が上海をはじめ近隣諸国向けの特別輸出港に指定されたのは、明治二二（一八八九）年七月である。九州鉄道が博多から久留米の筑後川対岸まで初めて開通したのも、二二年の年末であった。

福岡県は近代化のエネルギー源である石炭が、筑豊一円および粕屋郡や福岡市郊外、そして大牟田地方に産出するため、急速に労働人口がふえた。また朝鮮半島や中国大陸へ渡る大陸浪人や出稼ぎの人びとが急増した。この人口の流動にともなって港町に無免許の遊里ができた。口入屋や婦女誘拐の組織が、新興門司港を中心に暗躍した。県の内外ばかりでなく、海外へ売り出される娘が日毎に新聞記事となった。大陸浪人を自称する男たちと娘子軍《じょうしぐん》と呼ばれる娼妓たちが門司港を往来する。

福岡県知事・安場保和は九州鉄道を国防鉄道と称して、その門司・熊本間の開設に力を注ぎ、地元の株主を遊里に登楼させながら敷設を急いだ（『荒野の郷』）。行政も経済界も円滑な会議の進展を裏面で支える場として、主要な都市の娼楼を高級化した。また町々に芸妓置屋がふえた。置屋街に券番（筆者注：検番・見番と表記する地方もある。県内は券番に統一した）を置いて芸妓らの業務をとる。福岡、小倉、久留米では芸妓券番をさらにふやした。これらが互いに競う。久留米では芸妓営業に加えて、貸座敷設置案が市会に出された。鉄道開始の二二年一二月である。これは民権派の市議たちの反対で一応否決されたが、以来、賛成と反対の議論が一般市民を巻きこんで数年間つづくことになった。

一二月の通常県会で貸座敷の業態が議題となった。貸座敷免許地の業務取締人その他の給料が公費によってまかなわれているためである。

貸座敷免許地域の中に警察の末端機関として元締所を置き、ここに取締人と書記と小使を配して県が俸給を払っている。取締人の月給は平均五円。ちなみに巡査の初任給が六円から六円五〇銭である。取締人は警察で選んだ。巡査の経歴のある者が退官後に営業を持たずに取締りに当たる。

県会で廃娼論を述べる県議はいない。

しかし次のような論議が交わされた。

山門郡選出の民権派県議で柳河キリスト教会の信徒の風斗実が、取締人その他の月給の項目の全廃を提案した。なぜならば「本員ハ娼妓賦金ヲ廃スル精神ナリ」の故である。娼妓は月二円の賦金を納めているが、娼妓の現状で月二円の賦金を納めるのはひどすぎる。しかもその賦金が警察官の一部や元締所の人件費となっているのはよろしくない。

三潴郡選出の民権派県議の熊本寿人が、風斗の説に賛成して補足した。「本員ハ娼妓ヲ一ノ営業ト公認スルハ不当トスル。本員ハ公然許可スルヲ好マザルモノナリ」と公娼制に抵抗を示した。

重ねて風斗実が「殊更取締ヲ設ケザルトモ、ソノ組合ヲ設ケ、現業者ニ於テ取締ヲナサバ可ナラント思惟ス」といい、これにたいして県庁の係官がつぎのように応じた。

「他ノ営業ハイザ知ラズ、組合ヲ設ケ協議ノ上取締ヲナシ得ルヤ否ヤハ敢テ保証スルコト能ハザルナリ。マタ其土地ノ巡査ニテ取締ヲナサシムルトノ論アレドモ、取締ノ事務タルニ実ニ種々雑多ノ事件アリテ、娼妓ノ外出届或ハ父母ノ病気トカ、ソノ他身元取調ナドニテ、右等ニ付一々コレガ取締ヲナスニ於テハ、到底巡査本然ノ職務上ニ不行届ヲ来スニ至ラント思フ」

熊本寿人が応じた。

「本員ハ是ハ決シテ業体ト認定セズ。故ニコレヲ廃スルモ敢テ意トスルニ足ラヌコトト思フ。尤モ施行者ニ於テ公然許可セバ、施行者ニ於テコレガ世話ヲナシテ可ナラン」

論議の末、取締の月給および小使の月給の削除は少数意見として廃棄された。元締所は借家である。その家賃も県の雑費として予算可決。ただし福岡市郊外の水茶屋の貸座敷免許地は、柳町が近接していることもあって、二二年末かぎりで貸座敷を廃止し、ここには芸者券番のみを置くことになった。

ないがしろにされる女性の人権

明治二二年から三年にかけて国も地方自治体も行政および法政上の基礎を確立した。福岡県もこの年、公娼制の規則をさらに改め、明治一五年布達の「貸座敷並娼妓規則」を廃した。二二年一月一七日、県令第八号「貸座敷娼妓取締規則」を公布したのである。その第一条は次の通り。

貸座敷渡世ハ左ニ掲グル場所ニ限リ之ヲ許可スベシ。一、福岡区、博多柳町、博多小金町。一、三瀦郡、向島村字若津町の内五ノ割六ノ割七ノ割八ノ割。一、企救郡、小倉船町。一、遠賀郡、蘆屋村字東町、若松村字紺屋町ノ内安政町

貸座敷地域は福岡区は博多柳町と川をへだてた堅粕村水茶屋が芸者券番のみとなったが、博多小金町へとひろがり、小倉では舟町も認可され、筑後川の川口の港町若津も拡大したのだった。その他改正された部分のみ拾うと、第一五条で「貸座敷ニ於テ料理屋飲食店ヲ兼業セントスル者」の届出制が定められた。

娼妓渡世では「年齢満十六年以上ノ者ニアラザレバ之ヲ許サズ。且ツ渡世ノ期限ハ二十四ケ月以内ヲ限リトス。若シ満期ニ至リ、尚渡世ヲ為サントスル者ハ、前条ノ手続キヲ以テ更ニ出願スベシ」と渡世年月の延長について明記した。その手続きは、親族二人以上の連署による楼主との契約書を、警察へ出して免許鑑札を受けるのである。ただし娼妓の実態は初めから二年

を越す年期である。

第二四条で、「娼妓ハ父母若クハ之ニ等シキ恩義アル者ノ疾病看護、四季各一回。時候見舞マタハ生家等ノ存亡ニ関シ、避クベカラザル緊要アルトキノ外、一切貸座敷免許地外ニ出ルコトヲ許サズ」とした。この場合の外出証および時間規定や、「絹物ノ衣服ヲ着用スベカラズ」などと、身辺の規定を厳しくした。罰則も付せられている。

かつては申しわけ程度にせよ、規制してあった人身売買まがいの契約の禁止や、金銭の貸付禁止などはすっかり姿を消した。

明治二二年といえば、大日本帝国憲法が発布された年である。福岡県からは県知事安場保和をはじめ、民権派の指導者であり県会議長である岡田孤鹿も憲法発布の式典に招かれた。また民権派の要望であった国政参加への道も、制限つきで認可され、翌二三年には衆議院議員の選挙が制限選挙によって開始されることに決まった年である。

こうして政治の制度が整うに従って、女たちを統治する規則が厳しさを増してきたのだった。ところで、その動きに抗うように、二二年の一二月二三日、福岡県の県会の閉会を二日後にひかえた日、「廃娼建議書」なるものが市民から県会に届けられた。福岡市の西南にあたる早良郡樋井川村田島の住民、横田善次郎が同志と協議の上、提出したものだった。

これはおそらく群馬県の県会が廃娼実施に踏みきったことが影響したものだろう。群馬県では、一一年の県会開始とともに廃娼を決議していたが、無期延期派がまきかえしをはかり、論争が一〇年ほどもつづいて、二二年一一月に廃娼施行に踏みきったのだ。

この「廃娼建議書」が県会に提出されると、「福岡日日新聞」がさっそく報道した。次のように。

「サア出でたり。本県にも出でたり。何が。廃娼の建議なり。どこへ出でしや。福岡県会に出でたり」と。どこか揶揄するごとき調子である。「福岡日日新聞」はこの当時、出資者たちも経営陣も主筆や記者の一部も民権運動家であった。そして国権派の県知事や頭山満などの玄洋社の運動と激しい対立の中にあった。けれども県下の（そして九州全域にわたって）民権運動は群馬県などとは様子を異にしていた。藩政期以来の階層制はなお強く、女の人権に思いが及ぶにはまだほど遠い状態だったのだ。

県会ではこの建議書を書記が朗読しただけで、閉会間近を理由に審議に至らなかった。

次に同建議書を抄述する。

「（前略）人身売買公許ハ依然トシテ今ナオ其痕跡ヲ存スルノミナラズ、却テ、年一年トコレガ増殖ヲ見ル。豈ニ慨嘆ニ堪ユベケンヤ。（略）存娼ノ弊ハ国ノ良母ヲ失フモノナリ」。存娼論者は廃娼は梅毒を蔓延させるというが「誰カソノ言ノ愚ナルヲ笑ワザル者アランヤ。試ニ思エ、娼妓ヲ買ウ者ト密売淫ヲ買ウ者トハ果シテ同流ノ社会ナルヤ。今日娼妓ヲ買ウハ財産中等以上ノ者ニシテ」彼らは密売淫にたよるはずもなく、密売淫にたよるのは貧しい者たちである。廃娼を実行して社会を進歩させ、取締りを厳にすれば、予想外の結果となるのを信ずる。存娼論は社会の現象におくれているのであり、「自ラ精神ノ腐敗シタルモノ」である。

建議書は以上のように述べていた。

駆梅院と駆梅所

明治二二年の県会では娼妓をめぐる前述の、風斗実や熊本寿人たち民権派県議の意見陳述のみならず、各貸座敷免許地の検梅に関しても細かな討議が重ねられた。駆梅院および駆梅所として検梅を依頼している病院の経費が問題となったのである。

廃娼に踏みきった群馬県の動向は県下の民権派県議たちにも十分に伝わっていた。しかし福岡県では、国権派官僚として衆目を集めていた安場保和が、県令として一九年に中央から赴任したため、県会議員をはじめ県下の民権派はこぞって安場との対決策に集中していた。公娼問題がしばしば県会で論議されるのも、新県令が布達した「貸座敷並娼妓取締規制」への反発的な動きといえなくはない。従って公娼制そのもの、ひいては家制度と国体との思想的で実効的な法体系との関連性などにたいする検討はうすかった。彼ら民権派県議は各人の郷里で、遊里設置反対に取り組んだ。これは次章でとりあげたい。

駆梅院、駆梅所に関する意見は県議も行政側も低調で、同院の治療薬の予算は両者ともそれぞれの意向でもって削減を求めるばかりである。同所の医員の俸給が松原駆梅院が五円、若津が八円、院長は一五円。ただし「松原駆梅院長ハ拾三円ノ月給ニテ応ズル人アリ」。それは「公務ノ余暇ヲ以テ自分ノ勉強ヲナシ得ルヲ以テナリ」という状態である。

一方、若津駆梅院に従事することを開業医は嫌い、一三円では応ずる者はいない。そこで「若津ハ難病患者多ク治療上ニモ多少ノ日時ヲ要シ」ているから一五円の月給とすることにした。それを議員たちは、独立した駆梅院は費用がかかるので若津も駆梅所としてはどうかと発言する始末である。

熊本寿人が県庁の係官に問うた。「駆梅院ノ目的ハ一日モ早ク全快セシメタシトノ精神ナルヤ」と。


一日モ早ク全快セシムルハ無論ナレドモ大体梅毒ナルモノハ伝染病ナレバ之ヲ防御スルニハ隔離法ガ第一ニシテ、寄留所ニテ治療スルト駆梅院ニテ治療スルトハ、ソノ隔離法ノ適否ハ素ヨリ論ヲ俟タズシテ明カナリ。マタ若津ハ梅毒モヨホド悪症ナレバ、充分注意ヲナシ居ルナリ。尚若津ハ柳町水茶屋ニツイデ娼妓ノ数モ多キニ付、駆梅院ハ是非共必要ナリ。


この二二年度の駆梅院・駆梅所の患者数は、四月から九月までの間で柳町一三八人、水茶屋三人、若松一四人、小倉一四人、若津三九人だった。若津は現在娼妓七〇人中三九人の患者がいた。

県会がこうした論議を重ねた年の、年末のことなのである、廃娼の建議書が福岡県会に出されたのは。そして県議一同はこの建議書を見送ったのだった。ところがその後、県議の地元の一部で新しい動きが出た。小倉に鎮西廃娼会が誕生したのだ。これは神学生が組織したもので、二三年一月一三日の午後六時に発会式を行った。同時に廃娼演説会を開いた。

実は県会に廃娼の建議が提出されたのはこれが最初ではない。一年前の明治二一（一八八八）年一二月一〇日、筑後国三池郡の渡瀬教会の惣代村崎良載、同国同郡大牟田教会惣代吉田寅雄、同国同郡三池教会惣代榊守衛の連名で、三池郡のキリスト教徒から「一、娼妓廃止ノ建議ヲ提出セラレタキコト。二、賦金ヲ地方税ニ繰込マレザランコト」を県会議長岡田孤鹿宛に提出していた。が、キリスト教徒の提言として、書記が読み上げ、議事録にとどめたにすぎなかった。

小倉に設立された鎮西廃娼会は創立と同時に廃娼憲法を定めた。「第一条、わが党は公許娼妓、娼楼を全廃するを以て目的とす。第二条、わが党の会合を鎮西廃娼会と称す。第三条、わが党は本会のため充分の尽力をなすものとす」と。そして役員を選挙し、細則を決めた。所々に遊説員を派遣するとした。男女を問わず会員とし、また、役員となった。発会時の会員は一五六名。小倉に事務所を置いた（「福岡日日新聞」明治二三年一月一八日付）。

3　情欲は火山の如し

前借金と年期と強制売春

明治二四（一八九一）年一月二一日、三池郡南北青年会は県知事に大牟田町の芸妓券番新設反対を陳情した。昨二三年の一一月に券番の新設が県に出願されていたことを知ったためである。また一月一八日には三池郡青年会と山門郡青年会は合同集会を持ち、大牟田町芸妓券番設置反対を討議した。

同地方選出の県議たちも郡警察署長や部長を説得、大牟田青年会も出福して、県に反対を陳情した。芸妓券番の新設は申請をうけて県知事が認可することが県会であきらかになったので、各地で有志の申請がみられていた。大牟田は炭坑町として人口がふえていた。「福岡日日新聞」には「大牟田の芸妓設置願につき当局者に其処分を促す」などと三池郡住民たちの投書がつづいた。その一つに次のような一節がある。

設置出願者の多くは老年者なり、非論者の多くは青年者なり。芸妓の害毒を蒙るものの多くは老年者にあらずして青年者なり。設置後永久に関係あるは老年者にあらずして青年者なり。芸妓を置いて酌婦を一掃せんと言う者は、火の燃ゆるを厭うて油を投ぐるの策にあらざるか。出願者は大牟田町繁華の度は芸妓設置必要に迫れりといえども、国会開設の請願をなすが如く、道路開さくでも出願する口気あるは何等の怪気ぞや。大牟田町の従来に博せる工業地産業地の美名称は自ら人の脳中を去りて、之に替るものは淫猥汚穢なる地獄、もしくは悪魔窟とならん。これまさに大牟田町のために惜しむべきことならずや。

一般住民は日常目にしている酌婦たちの前借金と年期と強制売春の悲惨さを知っていた。また高級化した芸妓営業も、その実情は酌婦と大差ないことを知っていた。身近な村から少女たちが売られていくからである。

この投書にもみられるように、芸妓券番の設置はたてまえ論であって、それは貸座敷免許地への布石であることを誰もが知っていた。芸妓のいない町は町ではないという遊里の社会的必然性の主張が、二〇年代のはじめごろから急速に県下にひろがり、券番設置願がふえた。炭坑の増産体制と鉄道敷設、つまりは資本蓄積期の特色が福岡県に如実にあらわれたのである。鉄道敷設は人や物資の国内輸送のためではなく、朝鮮半島および中国大陸を念頭にいれた「国防鉄道」だと、県知事および国権派は主張して、民権派と対立した（『荒野の郷』）。石炭も国防に通じた。港の軍港化が佐世保ですすんだ。

「一に炭坑、二に鉄道」と県民は語り、経済界は面目を新たにしていた。筑豊の直方町でも二三年二月に、町民代表が県に町芸妓設置を出願していた。直方も今は港町の若松や蘆屋、若津などの貸座敷免許地におとらず都市化している、遠賀川の舟着場付近には「あいまい屋」が増加し、出炭増産とともに町に芸妓券番がぜひとも必要となった、と主張した。

筑後川の川口港で有明海に面している若津では、同じく二三年に新遊里をひらき、若津、本町、浦町一帯に散在していた貸座敷を一カ所に移転させた。東京の吉原遊廓をまねて、入口の大門をみかげ石でたかだかと建てた。新築《しんち》遊廓と自他称し、いっそうの繁昌をみせていた。

京都《みやこ》郡行橋町でも、鉄道敷設工事にともなって町芸妓設置が町の有志の間でもちあがった。二四年五月三〇日、行橋青年会がこれに反対して協議会を開き、発起人らを説得することを決めた。また、県に建白書を出した。

久留米市は九州鉄道も大牟田・熊本へと延長して、利用客もふえ、売淫も増加したとし、貸座敷必要論がその設置場所の具体案とともに、論議を高めていった。

「置娼論者は言えり。情欲の抑制すべからざるは火山の如し。これが吐き口を開くべし、と」という文が久留米置娼に反対する人の投書に見られる。男の情欲は抑制がきかないという観念が、戸主権の実効性とともに文化の一面となり、公娼制を強化拡大化へ向かわせようとしていた。性幻想はいつの時代も社会によってつくられる。

一女性が福岡から「福岡日日新聞」に投書した。行橋の青年へ向けて。行橋出身者であった。

久留米に諤々《がくがく》たり。大牟田に諤々たり。門司に諤々たり。然して行橋の天地にも、この腐敗したる魔界空気のまさに延漫におよばんとするを聞く。嗚呼如何せば可ならん。国家の治安を計るは行政家の職分なり。われしきりに怪しむ。その職にある人にして、その道に当る人にして、亡国の情風を植えんとするは何ぞ。行橋の青年諸君よ、正義は常に兄らを祝し居るなり。叫べ最愛なる青年諸君よ。

連日にわたる芸妓券番設置への反論の投書をみていると、それが単に一個人の意見にとどまらぬことがわかる。報道記事には賛成論も反対論もそれぞれ組織化の様相を呈し、国家興隆のときに当たって都市に芸妓のいないのは恥であると、あたかも繁栄のシンボルのごとく賛成論は力強い。反対派は芸妓が芸を売るにとどまらぬことをくりかえし述べて、その認可が性観念をいっそう低下させると行政の方針に抵抗を示した。

公娼制度は「家」を守るために必要なのか

明治二四年の秋となる一〇月二日、県下五カ所の貸座敷地域から業者代表が小倉に集まって集会を開いた。小倉の同業地である旭町の呑海楼に、福岡市柳町、小倉市旭町、遠賀郡蘆屋町、同郡若松町、そして三潴郡大川町若津の新築《しんち》から、各地域三名以上が顔をそろえて、国会に貸座敷拡張を建白することを決めた。二三（一八九〇）年秋、第一回帝国議会が開会したのに応じ、廃娼論者、存娼論者ともに国会への建白運動をめざしたのである。

これら貸座敷業界の中には、芸娼妓たちの教育所を地域内に設けて、一般的な行儀や文字や芸事を希望者に学ばせているところがあった。小倉の旭町貸座敷地区である。ここでは一七年の開業とともに旭学校を設置し、福岡藩の儒学者貝原益軒の通称「女大学」の主旨を教えて男に従う道を説き、小学校卒業程度の基礎知識を四年間に修得させることにしていた。成績のいい者は表彰し、書物を与えた。

若津の新築では、二三年七月より毎月真宗の僧侶を招いて法話を聞かせた。二四年には娼妓の中の熱心な信徒に、真宗大谷派の本山より本尊の下付をうけ、その式を挙げた。いずれも女の道、女の業《ごう》を教え説いた。女は業が深く、前世の罪をうけて生まれている、という伝統的な女性観である。「女大学」と通称される書は、久しく県下の士族子女の座右の書として、男につかえる道を教えてきたものである。また、苦海に苦しむ若い女たちは、日々の現実を、天が与えた業《ごう》として受けとめ、その中に一条の光を得んと念仏にすがったのだった。

博多柳町でも芸娼妓数が二〇〇名近くなったので、二五年に同地内に翠糸校を建て、一人三〇銭の月謝を出させて読み書き裁縫を希望者に教えた。また、行儀作法を学ばせ、芸妓には三味線や唄や舞を仕込み、月一回僧侶を招いて、法話を聞かせた。子を産めず、中絶の処置を重ねることが娼妓たちを苦しめていた。また、楼内で病死したり、情死する娼妓もいたためである。

二二～二三年へかけて時代は大きく動いていた。二三年一〇月七日に民法が公布されたが、その施行は内容の再検討のために延期され、民間でも盛んに家制度が論ぜられた。ことに戸主権は民法公布によってはじめて実効性のある制度となるため、賛否両論がたたかわされた。当時、女たちは里方の姓や母方の姓を名のる者もいたが、民法が施行されると戸主の姓に統御されるのである。植木枝盛は「民法上及び其他に於ける夫婦の権利」を執筆（『女学雑誌』一七一号、明治二二年七月二〇日）して、社会の構成単位を「家」とせず、夫婦を家族の基本とすることを述べて、男女同権を主張した。

こうした動きは当然のこと、「家」と断たれた立場にある娼妓の解放へも波及して、公娼廃止やその立場からの芸娼妓営業地の新設反対運動なども激化したのだった。それらにたいして芸娼妓の待遇改善としての、読み書きの教授や法話や供養が、地域内の貸座敷業者に意識された。また、公娼制度は「家」を守るための必要具であるという発想が強化されその拠点に、民法の戸主権の実効性や女の無権利の実効性が置かれた。それは娼妓身分の救いのなさを固定化させ、福岡県下の新規則のように人身売買の禁止条項も消えうせ、生涯を「社会外」で孤独に終わるための心得や、地蔵信仰などの民間信仰を浸透させはじめたのだった。

遊里拡大論

地元の新聞に連続して遊里拡大論が出た。

「以前の田舎宿駅たる面目も小都会地と化し、常に豪富の持丸長者が往来ひんぱんにして、豪興遊逸も多きに、絃歌の杯盤間《はいばんかん》にひびかざる時は、興をたすくるの具を欠ぐの恨みあり」という新聞投書の言葉にみられるように、酒と女と三味線は社会活動の必要具となった。それは男たちのステイタス・シンボルのごとく、新興地に求められた。

県では相つぐ芸妓券番新設願の陳情にたいして、明治二四年一二月一日、県令第六八号「芸妓営業取締規則」を改正公布した。これは一六年に公布した同規則内の、限定された営業地区を廃止し、芸妓の営業地域を特定しないことにしたものである。

芸妓営業出願者は父母または親族二名以上の連署を必要として鑑札を受けねばならないが、営業地はこれまでのように特定の地にかぎらないとした。

この芸妓営業の区域開放にたいして、県会の多数派である民権派県議たちは県下全体の風紀、教育、衛生その他生活の全面にわたって弊害がおよぶとし、審査委員を設けた。そして審査後、一月二七日通常県会に意見を出した。

芸妓は芸を売るものだが、男をもてなす場での芸を売る女である。それは町の発展に不可欠だとして県知事は営業区域を開放したが、これには異議がある、と反対した。芸妓の現実が芸を売るにとどまらぬことを問題とした。しかし、郡部の青年たちのように公娼廃止の立場に立っているわけではない。論議はうわすべりとなった。営業区域を決めることは芸妓の人権を侵す野蛮極る説だ、という者。いや、人権を侵しているわけではない、他の多くの営業もおのずと営業場所に限界があるし、近隣の承諾を必要とする、という者。いやいや芸妓は莫大な税金を払っている、「其業にたいする税金は、実に地方税一五〇人分の負担に比すべき額」である。それなのに芸者に限って営業場所を制限するのはよくない、という者。

そして採決の結果、やはり県令第六八号は廃棄すべきだとなって、県会議長名で県知事に建議書を出した。

「芸妓営業区域ヲ定メ、以外ニ在リテハ断ジテ許可セラレザランコトヲ」と。

しかしこの建議はいれられることなく、大牟田、行橋、直方をはじめ出願に応じてどこの町村にも、芸妓置屋や券番が建つ時代へと入っていった。酒豪として著名な県知事安場保和の決断だった。国権派の安場は民権派の撲滅に尽力して多くの死傷者を出し、政府から旧任地への転任を命じられた。が、応ずることなく退官、その後貴族院議員となって、持論の国力増強に献身する。

4 徴兵検査と女買い

娼婦と日の丸

明治二六（一八九三）年の八月、企救郡文字ケ関村の村長たち三名が門司港に貸座敷請願のため出福した。港付近には三〇〇人を越す娼婦たちがいた。この請願は翌年の七月に文字ケ関村大字門司の馬場に認可されて、埋立地に娼楼の建築が始まった。

この年の五月に韓国で甲午農民戦争が起こり、日本政府は鎮圧を口実に出兵したので、門司港はにぎわっていた。やがて日本は八月一日に韓国の宗主国を制すとの主旨で清国に宣戦布告、日清戦争へと拡大した。門司も小倉も出征兵士でいっそう混雑した。福岡市の相生券番（町芸者のはじまりといわれる釜屋町が新萱堂町となり、さらに相生町へと変更）の芸妓が軍費の献金をした。同市柳町の芸娼妓が翠糸校で手芸をして慰問品とした。若松連歌町の芸娼妓が楼主をとおして献金した。これまで芸娼妓たちは献金を許可されていなかった。しかし清国相手の戦争となってこれが許され、家制度に入れぬ娼婦たちも、直接国家につくす道が開かれたと、国旗日の丸を身近にした。相生町の芸妓が献金にそえた手紙が「福岡日日新聞」に出た。

天皇の大御心をなやませ玉ふを聞くだにおそれ多きことになん、いやしき稼業の妾《わらわ》ふぜいなれど、いやしくも御国の民とうまれきて、国の大事をおもわざるはまことにしのびがたきことにこそ……。

石炭は需要を増し、戦争景気で鉱業主の客筋が多い相生券番は線香代を値上げした。また相生芸妓も水茶屋芸妓も福岡警察署の上棟式にも寄付した。

小倉旭町の繁昌ぶりも伝えられた。

「小倉の遊廓旭町は頃日多くの兵士、軍夫など入込みしためにや、非常の繁昌にて娼妓の如きは席、否、尻のあたたまる暇なく、従って梅毒に感染する娼妓すこぶる多し」

この文体は当時の一般的な娼妓観をひかえめに表わしている。小倉では旭町のほかに室町に芸妓券番があるが、船場町、京町、元町、田町などにも芸娼妓所を考慮する状況となっていた。

日清戦争のあと、台湾を領有するや、台湾に公娼許可の動きはすばやく、二九（一八九六）年三月中旬「馬関より二名の婦女、一名は十八九歳、一名は三十前後なるが初めて渡台するや、基隆市街は評判湧くが如く、われ先に手に入れんとて陸軍隼人は申すまでもなく」という風聞をはじめ「台湾娘子軍」や「醜業婦」の渡航が認可されて、台湾総督府は「台湾守備隊と附属人夫のために」公娼許可へ向かった。娼楼は男たちの群れるところに欠かせぬ制度として、このののち、領土拡張の前後をとおして海外へ拡大されていく。

並行する兵営と貸座敷の建設

男の群れの代表は軍隊である。県下では日清戦争後、軍備拡張政策がすすめられて久留米市近郊にも兵営が新設されるといううわさが流れ、市長が兵営の誘置陳情に上京した。貸座敷設置論もにわかに現実味を帯びた。貸座敷設置論者たちはそれぞれ予定地をあげて請願、非置娼妓クラブの反対運動を押し切って、明治二九年の九月、原古賀町に貸座敷営業が許可された。

久留米市は筑紫次郎と呼ばれる筑後川が市の西北を流れ、外輪船が川口港の大川町の若津から久留米市瀬ノ下までを往復して、旅客や荷を運んでいた。また多くの帆船も往来していた。瀬ノ下付近には在来の川舟客相手の料理屋が多い。しかし鉄道客や新興する綿織物業などでにぎわう地元産業界は、新町や紺屋町の券番ともども兵営誘置による繁栄をのぞんだ。市は兵営敷地の献納を軍へ申し出て佐賀県の誘置運動に対抗し、兵営の誘置に成功。貸座敷の建造と歩兵第四八連隊の営舎の竣工は平行してすすんだ。

原古賀町の貸座敷地域は通称桜町と呼ばれ、通称くるめ四八《よんぱち》の連隊とともに、国民皆兵下の農村の若者に親しいものとなった。

小倉も城内の歩兵第一四連隊に加えて第一二師団が創設され、企救郡北方に歩兵第四七連隊をはじめ騎兵、野砲兵、工兵等の連隊が設置された。地元の北方、城野に芸娼妓所設置運動が起こった。また小倉旭町は繁栄が目にあまり、貸座敷地域の郊外への移転案が出た。常時の兵力増加が計られて、多くの若者にとって兵隊検査と女買いとは、セットとなって成人へのステップと化した。

子を産んでも旦那の名を口にせぬ

民権運動は開戦とともに軍備増強論へと溶解した。芸娼妓にたいする新聞記事もまた、戦前までの人権擁護的発想を消してしまった。

「千代香のポテレン。月に狸の浮かれ出たるにもあらず、此頃相生町の方角に当りて、ポテレンの響しきりに聞こゆるは、芸妓千代香の腹なり。追々前にせり出して肩で息つく容体を（略）」

「父親詮議。流行妓《はやりっこ》となりたるが食ったものは脹《ふく》るる道理で、艶吉姐さん近頃偽脹《にせちょう》満《まん》をやらかし、だんだんおへそが飛び出るので、このままにして置けぬと急に父親詮議を初めたが、何をいうもご親類が二十軒以上もありて何れが真実の父親だか（略）」

これは芸妓の妊娠を笑うものだが、娼妓の妊娠となると残酷化した。避妊、堕胎は娼妓の責任であり、万一出産すれば直ちに業者が処分した。買った肉体にたいする買い手の自由の保障が、男社会に普遍化していく過程が、新聞のささやかな記事にありありと読みとれる。

県下の石炭産業は手掘りから機械掘りへと近代化し、筑豊の古河鉱業山田炭坑、三菱鉱業方城炭坑、住友鉱業忠隈炭坑、三井鉱業山野炭坑、三井鉱業田川炭坑、大牟田の三井鉱業三池炭坑などの中央資本による大手炭坑はもとよりのこと、地方大手の安川鉱業、麻生鉱業、貝島鉱業、伊藤鉱業をはじめ中小の炭坑も増産がつづいた。鉱山経営者の博多での女遊びの豪気絢爛ぶりが、「馬賊（清国の騎馬隊・私兵）芸者」を育てた。また財界の発展が、粋な買い方を先導した。子を産んでも旦那の名を口にせぬという芸妓の倫理が、業界の内外を包んだ。これら女の心意気が、男による自在な女遊びを支えた。

石炭の積出港の大牟田、蘆屋、若松、門司等の港町はいずれも貸座敷免許地だが、遊里での女買いが困難な男を相手の、無免許娼楼地区に酌婦がふえた。また門司港に碇泊中の外国汽船相手の沖出売春も、業者による管理売春である。外国船からの密告や抗議がとどいた。「数隻の渡航船にそれぞれ二十名内外を忍びこませ巧みに売りつけゆく模様なかなか凄まじく、見られたものにあらず」「数十隻の屋形船に五六十名の私窩子《じごく》を満載して、碇泊中の墺国汽船ジセウ、英汽船ケージー号、同ボンベイ号などを襲い、言語道断、縦横無尽に春をひさいで引上げ」などと門司新報が報じた。

船売春は石炭積出港ばかりでなく、小倉港でも舟町料理屋が酌婦を舟に乗せて波間へ出かけるようになった。女は買うものという通念は日清戦争後の、民族意識の形成期に、国の内外や陸上海上の別なく、石炭の燃えるところくまなく浸透するかに繁昌していく。農業県福岡は面目を新たにした。「からゆき」が激増し門司港から密航させられる。

福岡市内の芸娼妓数とその出身地は表2の通りである。県下各地の芸娼妓の出身地もこれで類推しえるだろう。一般に芸娼妓たちは周旋人によって、出身地外の業者へ売られた。県下の女は関西、関東へ運ばれていた。

福岡市内の梅毒患者数を表3に掲げる。これは市内の病院で治療を受けた、娼妓以外の患者数である。

福岡市芸娼妓及び出身地

町　名	人数	出　身　地
水茶屋芸妓	44名	大阪府24名　広島県11名　福岡県19名
相生町芸妓	67名	大阪府９名　山口県６名　熊本県５名　東京府　京都府　広島県　香川県各１名　福岡県43名
柳町芸妓	70名	大阪府12名　山口県５名　広島県２名　和歌山県　滋賀県　熊本県各１名　福岡県48名
柳町娼妓 他県出身者	234名	大阪府48名　広島県38名　長崎県28名　熊本県26名　山口県24名　佐賀県18名　香川県13名　京都府10名　愛媛県９名　大分県８名　岡山県　徳島県各２名　東京府　岐阜県　和歌山県　兵庫県　滋賀県　石川県　鳥取県　宮崎県各１名
柳町娼妓 福岡県出身者	136名	福岡市37名　那珂郡20名　早良郡９名　山門郡８名　久留米市７名　三潴郡７名　夜須郡６名　御笠郡５名　粕屋郡５名　志摩郡　京都郡　企求郡　御井郡各２名　下座郡　御原郡　竹野郡　三池郡　鞍手郡　穂波郡各１名

表２　福岡日日新聞　明治 29.2.11

福岡市内性病患者数（娼妓をのぞく）

	男	女
梅毒	2,189人	765人（死亡２人）
淋病	692人	264人

表３　福岡日日新聞　明治 30.5.2

県下貸座敷数及び娼妓数（明治30.9.30現在）

地名	貸座敷数	娼妓数	地名	貸座敷数	娼妓数
福岡	33戸	451人	若松	8戸	57人
若津	20戸	123人	芦屋	4戸	21人
小倉	20戸	76人	久留米	4戸	15人
門司	13戸	65人			

表4　福岡日日新聞　明治30.10.6

なお、三〇（一八九七）年九月末現在の娼妓数と貸座敷数を表4に掲げる。

門司港から海外へ売り出される「からゆきさん」の激増は日清戦争直前からだった。地元企救郡の郡長は二六年三月、次の通達を郡内の各町村長に配付した。

近来不良ノ徒各地ヲ徘徊シ、甘言ヲ以テ海外ノ事情ニ疎キ婦女ヲ誘惑シ、遂ニ種々ノ方法ニヨリ海外ニ渡航セシメタル後、正業ニ就カシメズ、之ヲ強迫シテ醜業ヲ営マシメ、又ハ多少ノ金銭ヲ貪リ他人ニ交附スルモノアリ。之ガタメ海外ニ於テ言フニ忍ビザル困難ニ陥ル婦女追々増加シ、在外公館ニ於テ救護ニ勉ムトイエドモ、或ハ遠隔ノ地ニ在リテ其所在ヲ知ルニ由ナク、困難ニ陥ル婦女モマタ種々障害ノタメニ其事情ヲ出訴スルコト能ハザルモノ多キ趣、ソノ筋ヨリ訓令ノ次第有之候条、右不良ノ徒ソノ郡内ニ於テ婦女ヲ誘惑シテ渡航ノ念ヲ起サシメ、之ヲ渡航セシムルニ於テハ、本人等他日海外ニ在テ意外ノ醜態ニ陥ルハ勿論、素ヨリ我邦ノ体面ニ関スル義ニ付、此等誘惑ノ手段ニ罹リ渡航致サザル様、普ク懇篤論示スベシ。右訓示候事

5　民法施行

男尊女卑の立法化

廃娼の建議書が福岡県会に提出された明治二二年一二月二三日と翌二四日に、前章で記したように「一夫一婦制の建白書」が県議に配布された。「賛同者は福岡市下名島町の牟田口活版所まで来談あれ」と記してあった。この一夫一婦建白の呼びかけ書は、植木枝盛が起草して元老院へ提出したといわれる東京婦人矯風会の建白書に刺戟されたものだったろう。矯風会の建白書提出は各地へと波及した。福岡にも及んだものと思われる。前述したように二二年は二月一日に大日本帝国憲法が発布され、近代国家としての統治機構も急速に整った年だった。翌二三年一〇月七日には民法が公布された。

しかし民法の施行は延期されて、内容の再検討がつづけられた。戸主権のさらなる強化および家督相続を核とした、男系による家制度の確立が求められ、一夫多妻の慣行の思想化、法制化が国家法として求められた。そして八年後の三一（一八九八）年七月一〇日より施行となった。

女たちは婚姻によって「夫ノ家ニ入ル」こと、「戸主及ビ家族ハソノ家ノ氏ヲ称ス」こと、結婚は慣行によって成立するわけではなく、「戸籍吏ニ届出ズルニ因リテ其効力ヲ生ズ」ことが決められた。法律婚の制定である。長男による家督相続には養子制と妻の無能力を包含し、国民すべてを村落共同体の規範から、国の法のもとへと統轄した。男系による家制度は皇室の血統主義へと体系化された。一夫多妻、男尊女卑の思想を立法化したので、女たちは離婚の要求や別居の自由を失い、その人権を弱めた。

三二年一二月福岡県企救郡の女は夫が娼妓に深入りして家産を失ったため、親族が集まって夫に意見した。けれども効果がない。そこで離婚願を父とともに裁判所へ提出した。しかし夫の姦通を問う法律も判例もなく、妻からの離婚は許されずに敗訴した。

同様に鞍手郡の住職と結婚を約束した私生児の母が、実父とともに訴訟を起こした。けれども結婚の約束は「法律ノ認許セザルトコロ」として、女は敗訴した。親族会の決議も村落共同体の規範もその力を失ったのである。

民法により男は満一七歳、女は満一五歳以下の結婚は許されなくなった。また結婚にたいする父母の同意を、男満三〇歳、女満二五歳まで必要とすると定められた。婚姻年齢が全国的に変化した。三五（一九〇二）年の福岡県統計では女一五歳までの婚姻はわずか一二人。二〇歳までが六〇〇〇人あまり。二〇歳から三〇歳までの有配偶者は七万人。大半の女は二〇代になって「夫ノ家ニ入ル」ようになったのである。この当時の同県の平均的家族数は五・七六人。三五年度の私生児数は三四三九人。庶子は三〇八人である。

この数字はいずれも「本籍人」つまり福岡県に本籍をもつ者の統計である。出生一〇〇人にたいする私生児数の最多は門司市で、新開地の港町門司では一六・六七人の私生児。次いで小倉市の一五・〇一人。次が炭坑地域・田川郡の一一・八五人。最少は筑後の農村地帯の三井郡で四・二一人であった。

男の姦淫は刑に問われぬため、奉公先で主人から強姦されたり、売春を強要されて私生児がふえた。新聞には連日、嬰子殺し、堕胎、そして離婚できないまま子を残して家を出る女の報道がつづいた。夜須郡の女二九歳は、同村の男の私生児を産み、二月の寒空に裸体で棄てて死亡させた。実母もこれを助けた罪でともに検事局へ送られた。貧苦ゆえの棄児と新聞は報じた。三〇年代の捨て子には、従来のまま手紙を添えたものがあり、それらの多くは商家や富農の軒下や寺の門前に捨てられた。拾いあげて手続きの上、わが子として養育される赤ん坊も三〇年代前半まではみられたが、やがて施設で養育されるようになった。

捨て子養育の社会化に平行して、懐妊娘の自殺や堕胎による罪に問われる女、堕胎手術を行った産婆への実刑などが増加した。旧来の慣行と、施行された家制度とのはざまで苦悩するのは女たちだったのである。胎児をはらんでの自殺や母子心中が、娼妓芸妓や町村内の女の別なく、旧来の生活規範の弱化とともにふえた。堕胎をネタにしての恐喝も出てきた。「福岡日日新聞」に論説委員の菊竹六皷が、『婦人問題と社会』を書いた（明治四四年一月九日）。法の不平等にたいして婦人運動はまだ幼稚だが「一は二の前提なり」と女をはげまし覚醒をうながした。

嬰児をどうするのか

同じく明治四四年一月二九日『一夫一婦の請願』の論説を菊竹は書いた。

「女子にたいする男子の迫害は、賢母良妻の好辞柄《こうじへい》をもって」無制限に行われている、と民法を背にして拡大される性の不平等にたいし、「男女の権利の公平こそ二十世紀文明の本質的課題」だと論じた。

妻や母の立場の無権利に泣く女たちの記事が絶えない。これら氷山の一角の報道の中から堕胎の罪に問われた女について次に記す。

四五（一九一二）年四月福岡地方裁判所で公判に付された糸島郡の産婆アサ、四八歳にたいする判決である。アサは懲役一年に処せられた。その理由。

「第一、被告アサハ明治四十二年四月日不詳、妊娠四月ノクニニヨリ堕胎ノ依頼ヲ受ケ直ニ右被告居宅ニ於テ同人ノ陰部ニツワブキヲ挿入シソノ翌夜クニヲシテ堕胎セシメ、第二、同年二月日不詳、妊娠四月ノエツヨリ堕胎ノ依頼ヲ受ケ……」と、同様の方法で第一〇まで一〇人の堕胎を行い、妊娠二カ月から五カ月の胎児をいずれも施術のあとの翌夜から五日後の間に、流産させた。施術の場所は依頼者の居宅か、居宅の裏手小屋や近くの松原などであり「自体内ニ植付ケアルツワブキ」を使った。

「法律ニ照スニ右ノ各所為ハ刑法第二一三条前段ニ該当スル所、併合罪ニ付」法に従って加算されて懲役一年という重い判決となった。法廷には一〇人の女の相手である一〇人の男が、それぞれ並んで席についた。審理の末、この男女はいずれも懲役二カ月に処せられ二年の執行猶予がついた。四円から五円の施術料をアサは受けていた。戸数もわずかな、隣接する二つの村のことである。

一〇組の男女の関係はさまざまだが、おしなべていえることは、「子返し」「子戻し」という観念がなお残存している村の現実がうかがえる点である。胎児はすべてがこの世の人となるわけではなく、この世に取りあげる新生児の数は、村々ではほぼ一定していた。産婆の仕事の一端に、子戻しの役があったことがうかがえる。また、「夜這い」の習慣は若い男女の楽しみや、婚姻へのきっかけとなっていたのだが、近代法の施行とともに崩れていく過程を、ここでもしのぶことができる。

なお、福岡県でも「産婆規則」が三二（一八九九）年に公布され、人命にかかわる仕事として免許所持が義務化された。二八年に福岡市の産婦人科医藤野良造が、産褥汚物焼却場設置願を県に提出しているが、後産《あとざん》を納戸の下や便所の脇などに埋める習俗があったのを、衛生上の見地から焼却場を求めたものである。

藤野は『安産手引草』を二八年に書き、無料で産婦へ配布すべく識者らの尽力を得た。この小冊子は口語体で書かれ、挿絵をいれ、科学的に受胎分娩にふれ、嬰児の取扱いや産前産後の食物にまで言及した先駆的な一般書である。都市住民の中にこうした書を求める層が生じていた。出産のケガレ観も都市生活者を中心に薄れはじめたのだった。

一方では慣行に律せられている村の暮らしがあり、その旧習下で子返しや子堕しをして罪に問われる女が出る。懲役に処せられた女は九州中の女囚が収容されている久留米監獄に入った。柿色の着物に細帯、ぐるぐる巻の髪で久留米絣や足袋の仕立作業に従った。

刑法は四〇（一九〇七）年四月二四日法律第四五号として改正された。アサの判決は改正刑法によって処せられたものである。

個々の妻たちおよび女一般の人種は、戸主に擁護されてようやく法的な権利を持つにとどまるものとなった。それでも地域の内側には「顔役ばばさん」と呼ばれる女たちもいたと、慣行時代の名残りが語られている。

「村内にゃ婆さん達の顔役連中のござったたい。ちょいとものの判って、小金《こがね》どん貯め込ーどるばばさんたちで、たいがい自作農のうちで、のちにゃ織屋どんしよるとこのばばさんもあった。貯めた小金ば貸したりどんして、なかなか言い出《で》の利いて、何か村ん家の中に、ごたごたどんがあっと、そのばばさんどんが、相談相手んなって、片付けてやる、ちゅうごたるふうで、おやじさんどんでん、ちょいと一目置いとったふうたい。よう寄合うてお酒どん呑みござったふうじゃん。酔っ払うて、ひざ小僧出して。

そのばばさん達ゃみんな女酒天童子ら言わるる方で、いつかだん、あんまり呑ーで腰の立たんごつなって、手に下駄はいて、ぞろーぞろ道ば這ーて帰りござったてんち笑い話のありよったたい。そげなふうじゃったが、そのばばさんたちの言うこつぁ男連中も、よう聞きよったふうで、その頃の村が天下泰平じゃった証拠じゃろたい」（真藤ミチヨ述、真藤アヤ記『初手はの下』日本経済評論社）

第3章　浮かぶ瀬もなし

1　政府と娼妓たち

娼妓の年期と廃業

明治三〇（一八九七）年二月遠賀郡八幡村に日本最初の西欧式製鉄所の設置が決まった。戸数二七〇戸ほどの海辺の村に官制製鉄所建設のために、多くの男たちが入ってきた。三三年には清国から鉄鉱石が輸入され、三四年二月溶鉱炉に火が入った。重工業への夜明けである。村の様子が一変し酌婦がふえた。

芸妓の売淫は罰金制だが、それでは効果がないとあって拘留四日、五日などと留置されることになった。借金の返済不能と病気による芸娼妓の自殺の報道が多い。年期があけて廃業する芸娼妓はあまりいない。たまにそのような例があると地元新聞が報じた。多くは年期前に他の地方の娼楼や料理屋の酌婦に転売された。

のちに「自由廃業の父」と呼ばれたアメリカ人の宣教師、U・G・モルフィは来日して名古屋地方に住み、廃娼運動に取り組んだ。彼は法廷でのたたかいをもくろみ、前借金制や年期奉公を禁じた「芸娼妓解放令」と、三一年七月施行の民法九〇条「公ノ秩序マタハ善良ノ風俗ニ反スル事項ヲ目的トスル法律行為ハ無効トス」を根拠として、逃亡して捕らえられた娼妓の父親を説得、父の同意を得て名古屋地方裁判所での訴訟にもちこんだ。

この訴訟と同じころ廃業を求めていた北海道函館の娼妓坂井フタの裁判が、大審院に持ちこまれて、三三（一九〇〇）年二月二三日勝訴した。大審院判決は娼妓と業者間の契約は「人身ノ自由ヲ制限」するものであり無効というものだった。この判決後の五月七日名古屋地方裁判所も娼妓の自由廃業を認めた。両者の判決は、娼妓は借金の有無にかかわりなく、当人の意志によって廃業できることを一般に伝えた。娼妓慣行の否定である。

これを受けて九月六日警視庁は庁令第三七号でもって、廃業届に娼妓本人が捺印して警察へ届けさえすれば廃業を認めること、業者の連署は不必要である旨を通達した。しかし福岡県の娼妓規則には外出禁止の条項がある。業者は厳しく外出を禁じて廃業届の提出を警戒した。

ところが九月一四日、娼妓二人が福岡警察署に出頭して廃業届を出した。博多柳町貸座敷花屋支店の娼妓玉橋こと児玉キメと同本店娼妓花扇こと松岡トラである。キメは明治一一年一一月生まれ満二一歳、トラは明治一一年四月生まれ満二二歳であった。

> 娼妓廃業御届。私儀、明治三十一年二月二十一日より福岡市博多柳町五番地花屋において出稼娼妓営業仕り候ところ、今般家事上の都合により廃業仕りたく、もっとも鑑札の儀は楼主において預り置きしばしば督促するも返戻《へんれい》仕らず候。この段あわせて御届申上候也。明治三十三年九月十四日。博多大浜町一丁目五番地児玉キメ。福岡県警察署長警視佐藤平太郎殿
>
> 娼妓廃業御届。私儀、明治三十一年一月一日より福岡市博多柳町一番地花屋において出稼

娼妓営業仕り候ところ、今般家事上の都合により廃業仕りたく、この段鑑札相そえ、御届申上候也。明治三十三年九月十四日。博多大浜町一丁目一番地松岡トラ。福岡県警察署長警視

佐藤平太郎殿

「福岡日日新聞」が九月一五日付で、廃業届を出した両人のことをくわしく報じた。

キメの生まれははっきりしない。柳町の花屋支店に抱えられるまでに転々とした。はじめて娼妓に出たのは明治三〇年八月三日、満一八歳のときで柳町の吉田屋に前借金二九〇円、年期は三五年七月までの五年間の契約だった。その後吉田屋が営業をやめたので明治楼に移り、明治楼もやめたので花屋本店へ移り、ここから花屋支店へと移った。移らせられる度に前借金と年期は順送りとなっていて、まだ年期あけはきていない。しかし稼ぎ高は一、四六一円九〇銭の多額にのぼっているので、しばしば楼主に計算を願ったが応じてくれない。やむなく昨日早朝に廓を出て、代書人に廃業届を書いてもらった、ということだった。

トラは生まれは大阪である。前借金二五〇円、年期は三三年一二月まで三年契約で花屋本店の抱えとなり今日までに一、七〇七円五〇銭を稼いだ。トラとキメは相談して、二人で昨日早朝代書人に頼み、書類を持って警察に出頭したのだ。

署では廃業届を受けとった。しかし楼主と金銭上の計算をすませるべく一応貸座敷地内へ戻るように、と説得した。二人は廓内にもどればどのような目にあわされるかわからないので帰らぬという。警察は楼主と貸座敷取締とを呼んだ。楼主は貸した金がまだ支払われていないと

いう。娼妓二人はすでに終わっているという。警察は取締事務所で両人の帳簿の精算をすることを命じた。警視庁令を無視したのである。

キメの稼ぎ高一、四六一円九〇銭。その半額を貸席料として業者がとる。残高七三〇円九五銭がキメの手取りのはずである。前借金は二九〇円。キメの計算では、とうのむかしに借金も利子も消えていることになっていた。

しかし、月々楼主が天引きする諸雑費だけでも一七円一二銭。その内訳は食費四円二〇銭。灯油、木炭代、火鉢その他の器具損料が一円五〇銭。化粧料、髪結費、入浴料が二円。夜具と蚊帳の損料が三円。貸衣装の損料が三円。これらの金額は今年の六月、一七円一二銭の雑費は苛酷すぎると署が改めさせたもので、合計一三円七銭になる。が、それまではより高かった。さらに毎月の賦金が三円五〇銭。そして前借金の利子三分。その上、楼主と内約の証文がとりかわしてあって、たとえ借金の返済がすんだとしても、年期内は廃業しないことになっている、というのである。

新聞記事に「一度この淵に沈みたる以上浮ぶ瀬のなきも無理ならず」とある。この普遍化した性差別の現実が根深く生きつづけているからこそ、裁判で廃業の権利を求めた。そして勝訴したのだった。娼妓と業者の契約は人身の自由を制限するもので、無効という判決だった。重ねて警視庁令により、娼妓本人の捺印のある廃業届を署に持参した場合、警察はこれを受けとること、と通達してある。

けれども福岡署の対応はかくのごとくであり、報道もまた以上の通りであった。社会一般の娼妓観そして性観念がよくうかがえるのである。県の「貸座敷娼妓取締規則」にも廃業に関する事項はなく、二八条に「渡世ヲ廃メ又ハ他ノ貸座敷ニ移転セントスルニ際シ」楼主が「故障ヲナストキハ」署に申し出てその処分を受けよとあるだけである。

しかし二人の娼妓の廃業願は県下の楼主たちをあわてさせた。裁判に持ちこまれたり、他の娼妓へ波及することを避けねばならない。

新聞報道はつぎのようにつづいている。

「その狼狽大方ならず、ぜひとも今回の分は穏やかに事をすませんとて、貸座敷取締の松尾利平氏が仲裁に入り、百方両名の者を慰諭《いゆ》したる末、今一カ月間だけ、おとなしく稼ぎくれよ、さすれば楼を出るとき衣類などはもとより、今部屋に飾りつけあるタンスまでも得さすべしとて、さまざまに説き聞かせれば」二人はやむなく、一カ月だけという確約をとりきめて署に廃業届取消しの書類を出した。

この二人がその後廃業できたかどうか、不明である。井上精三著『博多風俗史・遊里篇』（積文館）には「一カ月過ぎて両人の自由廃業を認めたが、借金の計算に食いちがいがあって、二人の所有道具類いっさいを差押えてしまった」とある。二人に引きつづいて同じ柳町の娼妓二〇歳が翌日鑑札をそえて廃業届を出した。警察では同じ説得をした。彼女は取締事務所へ戻る途中で消えた。すぐに追手が市中へ散った。

小倉旭町の娼妓一九歳が同じ日に、母親とともに警察へ出頭して廃業届を出した。二日おいて九月一七日に門司で一人、同じ日に柳町で二名、そして東京では娼妓ではなく芸妓の自由廃業者が出た。門司でさらに一八歳の娼妓が、小倉旭町でも、というように二、三日の間に県の諸方で娼妓たちが廃業届を最寄りの署に出したのだった。

自由廃業と任意廃業

貸座敷業者はこの動きのさなかの一二日に、県下各地から数十名が久留米市の萃香園《すいこう》に集まって対策を協議した。そして東京で開かれる全国遊廓大会に出席をきめた。また廃業届を出した娼妓にたいしては、それぞれ仲介人をいれて廃業届を取消させ、復帰させることを一同確約した。

それが困難だったのは小倉旭町の母親ともどもの廃業届である。やむなくこれは自由廃業とせず、取締人らが楼主を説得して前借金の残りを棒引にさせ、両者連名による任意廃業としてめでたく楼を出した。自由廃業、つまり業者の同意を得ずにやめることは不可能だと、娼妓たちに周知させせんとしたのである。

それにもかかわらず廃業届を出す娼妓がつづいた。それはいずれも病娼である。その廃業届には、病気で休みたくとも、「虐待甚しきを以て」一日の休業もできない。もはや営業できかねるので、助けてほしい、とある。その一人は香川県多度津の女で、彼女は門司警察署にやってきて、廃業を口頭で伝えた。文字が書けなかった。

この病娼にも、その場で警察に楼主と取締人が呼ばれ、署員ともども営業を迫った。

これら大審院判決後の娼妓たちの動揺にたいして、九月一八日、九州全県および山口県の貸座敷業者の代表六〇名ほどが、長崎市丸山町で集会をひらいた。二日をかけて九州山口八県遊廓同盟会を結成し、会則を定めた。その第四条に、本会は新睦を旨とし協同一致遊廓の改良を謀り、並に当業の時事問題を研究するを以て目的とす、とある。幹事長、幹事、代議員を置くこととした。また定期総会を毎年三月に開き、臨時総会を必要時に開くことにした。しかし議論百出、協議すべき同業の時事問題までになかなか至らなかった(「福岡日日新聞」明治三三年九月一六日付)。

政府による公娼制の統轄

明治三四年の正月、博多柳町の花屋支店で身受けされる娼妓が出た。大阪生まれの二七歳。相手は魚仲買商の二八歳である。娼妓たちの夢の一組は、楼主の媒酌で三三九度の盃をとりかわした。女は丸まげ、黒紋付を着て、おはぐろを染めた。そして娼妓たちに見送られて警察署に廃業届を出した。

このときの身受金は三三四円六〇銭五厘。このような幸運はめったにない。好き合う者が前借金を苦に情死の報こそあれ、警察庁令が出ても自由廃業は困難なさなかに、晴れて楼を出た。

この柳町では前年の九月、花屋支店の娼妓玉橋と花屋本店の娼妓花扇が廃業届を出すさわぎを起こした二日後に、翠糸校に五〇〇余人の娼妓を集めて話を聞かせたのだった。業者たちは市内の弁護士二名を呼び、自由廃業について一同に伝えさせた。二人は語った。

もともと楼主がお前さん達の急場を救うために道徳上より何百円という金を貸したのだ。お前さん達にとっては十分に恩義のある金である。お前さん達はこれを返済する義務がある。廃業してほかの所へ行っても前借金はけっして消えるものではない。返済の義務はどこまでも背負っておらねばならぬ。

この度楼主は待遇法を改めた。まず、食事がよくなった。稼ぎ賃はこれまで通り楼主と折半だが、また、お前さん達の取り分から一三円七〇銭の諸雑費と賦金三円五〇銭および三歩の利子を引き去って、そのあまりを元金の償却にあてることはこれまでと変りないが、折半額の一割五分を、別にお前さん達にあげるようにするという。そしてなお、おいおい損料なども廃止するということである。一時の熱に浮かされて軽率なことをせぬほうが、お前さんたちの得策であろう。(「福岡日日新聞」明治三三年九月二〇日付)

法にうとい女たちへ弁護士はこのように話し聞かせた。民法第九〇条の件も、身柄拘束を禁じた解放令の主旨も、各地での自由な廃業の実態も、「貸座敷取締規則」の改正が各地で求められていることも伏せたまま、前借金は楼主が「道徳的に」貸したものゆえ、その恩義に返済義務でこたえよと諭したのだった。

若津の新築では娼妓の自由廃業の防御策として、前借金の利子を全廃した。なるべく早く前借金の義務を果たして廃業させるべく、無利子としたのだ。この対策は神奈川県でも決めた。しかし、前借金の実状は、たとえば柳町の娼妓七々浦の自廃届を例にすれば次のようになっている。

兵庫県生まれの七々浦は二五〇円の前借金で五年年期として柳町の大恵比須楼に抱えられた。このとき、二五〇円の中から部屋道具代および衣装代として一六〇円を天引きされた。手取りは九〇円である。その中から周旋人の手数料と旅費、食費が天引きされた。「道徳的な救助金」の実態は、六〇円となった。しかし二五〇円の前借として三歩の利子を払いつづけているのだった。稼ぎを折半されながらである。

若津ではこの不合理な前借金の利子を全廃した。しかし他の地区はこれにならうことはしない。福岡の芸妓が廃業届を出した。芸妓も身柄を置屋に前借金で拘束されている。福岡市内に救娼軍を自称する者たちが、娼妓救済所の看板をあげた。また登楼して自廃をすすめる者もいた。その中には娼妓の転売をもくろむ者もいて娼妓は清濁をはかりかねる。

こうした動きの中、三三(一九〇〇)年一〇月二日に、内務省が第四四号「娼妓取締規則」を公布した。これは貸座敷業者の全国的な動揺を機に、これまで地方長官の任意にまかせていた娼妓規則を廃止させ、政府が統轄する全国的な公娼制へと持ちこんだものである。これは八年間の検討ののちに三一年七月より施行にふみきった民法の家制度にみあったもので、家の外での公認された性行為にたいする規則だった。

民法で結婚の年齢と認可方法が定められたように、娼妓年齢が決められた。満一八歳未満の者は親の認可があろうとも、娼妓不認可となった。また娼妓となるには自ら警察署に出頭し、娼妓名簿登録の自己申請をすることが定められ、健康診断が義務づけられた。伝染病の結核やトラホーム患者は梅毒患者と同じく娼妓になれない。そして第五条に、廃業の自己申請が明記してあった。

これは、本人が書面または口答で警察署に出頭して廃業の申請をすること、というもので、第六条で、何人といえどもその妨害を為すことを得ず、と業者の妨害を禁じた。

この内務省令は、管理売春を地方長官にまかせず、国が公認して制度的にも女買いを保護し、同時に廃業の道をつけて娼妓身分を一時的のものとする公娼の制度へと統轄したものだった。これ以後、日本の公娼制はこの明治三三年の内務省第四四号「娼妓取締規則」に基本的に依拠しつつ、太平洋戦争後の占領軍指令による公娼廃止まで曲折を経て継続するのである。ところで業者たちはこれに反発した。娼妓に有利すぎる、と。そして、第七条に、娼妓は警察の許可なしに外出を禁ず、とあるのを盾として、廃業の申請を封じた。

これにたいして内務大臣は重ねて地方長官へ訓令を発した。同規則の第五条の手続きに違わぬかぎり、廃業届を受理すべし、と。

各地で廃業申請者が続出した。わけても熊本市の二本木では、東雲楼の一〇〇〇余人の娼妓が三四〇人に減ったといわれる。こうした娼妓の廃業をおさえるべく全国の娼楼で娼妓待遇がさしせまった問題となった。

二　じごく屋

安い店と高い店

柳町では明治三三年一〇月末日に娼妓の待遇改善を発表した。前借金の利子三歩を無利子とする。貸席料は一席毎に娼妓の稼ぎの五割をとっていたが、今後は三割をとり、残りを楼主と娼妓で折半する。賦金の三円五〇銭をこれまで全額娼妓が腹っていたのを折半する。食費、灯油代、木炭代とこれらの器具の損料を楼主負担とする。衣装損料三円を二円一〇銭とする。夜具と蚊帳の損料の三円を二円とする。ただし化粧料、髪結料は娼妓負担。銭湯代は楼主が持つ。

小倉旭町は強気だった。客の人選をきびしくした。娼妓に廃業策をさずけそうな客の登楼をことわり、兵営の兵士を呼びこんだ。日曜と水曜を、散財料および娼妓の身代ともに二割引とし、兵士以外を警戒した。

若津の新築は先述したように三歩の利子を廃した。他の貸座敷免許地の対策は不明。久留米の桜町ではこの年の二月に病娼を自宅で治療させるべく、療養帰宅契約書を書かせたが、その資料が残っている。療養期間八〇日。これは年期に加算する。娼妓が契約違反し損害が生じた場合は、その損害の如何を問わず直ちに責に応じ、債務を返済する、などと。

この娼妓は身売り後一年の間に罹病したのだった。小倉旭町で病娼三人が廃業届を出した。

門司では二人が郵送した。三三年一〇月の内務省令公布後に門司の馬場で自廃届を出した娼妓は、自廃あつかいせず業者と協議による廃業あつかいとしたが、四カ月間に七名いた。自由廃業は一名で、なお自己申請はつづいた。

公娼は国家管理となってほそぼそながら廃業への道ができた。けれども娼妓名簿に登録されぬまま売春を強要される料理屋の酌婦たちには、廃業の道はない。行政上も一般も、彼女たちを私娼と呼んだ。または、いんばい、じごく、と俗称した。貸座敷免許のない娼楼街の各楼に、娼妓同様前借金で抱えられた一二〜一三歳からの女たちである。

この無免許の娼楼を行政上、三等料理屋と呼ぶ。一般に、あいまい屋、いんばい屋、と呼んだ。福岡県では一八（一八八五）年元旦から施行の「料理屋飲食店取締規則」があり、客の宿泊や、芸妓まがいの所業を禁じていたが、売春にはふれてない。そして実情は娼楼街である。内務省令第四四号で全国の公娼規則が統一された三三年に、「料理屋飲食店取締規則」を県は改めた。

第一条に料理屋飲食店営業を為さんとする者の警察署への願書規定がある。その中に「営業者十二歳未満ナルトキハ親権ヲ行ウ者若クハ其後見人ノ連署ヲ要ス」とあって、幼い養女の名儀による営業が認められている。

第二条は雇いいれる女に関する定めで、その一つに「未成年者ニシテ親権ヲ行ウ者又ハ其後見人ノ許諾ヲ得ズ、若クハ有夫ノ婦ニシテ夫ノ許諾ヲ受ケザル者」の雇いいれを禁じている。つまり未成年者も親あるいは後見人の同意をえて酌婦となり、また夫によって酌婦に売られる女もいたのだ。他に使用人の規制はない。

客の宿泊の禁止や「雇女ヲシテ芸妓ニ紛ラハシキ行為ヲナサシムルコト」の禁止はあるが、売春禁止はこれにもない。公娼は年齢制限があって満一八歳以上と決められたので、娼妓年齢以前の女の子や、夫から売られる女、ヒモに使われる女たちはここに売られて売春を強いられた。店は料理屋飲食店がたてまえなので、三等料理屋の女たちも酌婦がたてまえである。

三等料理屋街は貸座敷地域と同様に娼楼を並べ、張店に女を座らせた。売春を公認してないので検梅は義務化されてない。楼主と酌婦は前借金と年期で結ばれたが、多くの楼主が養女制をとった。養女たちは「おとうさん」の元で稼がされて廃業の余地がない。

一方、貸座敷地区は遊廓と通称しつつ、高級化していった。客の多くは公職や炭坑経営などの有資産層であり、各楼の建築も部屋の調度品も娼楼毎に品格も競い、娼妓も等級がつけられた。高級娼妓は客がついた時だけ、その特別の座敷で寝ることができた。月給取りや大学生などは三等料理屋街の張店に並んでいる酌婦を相方に選んだ。

福岡市の対馬小路の料理屋の男と抱えの女たちの二一人が、三七（一九〇四）年二月一〇日のロシアへの宣戦布告後まもなく、戦地へ向かった。軍隊を追って京城へ出発したのである。対馬小路は三等料理屋街である。無免許の売春楼が建ち並ぶ。店の構えや規模は貸座敷免許地に劣るが、どの店も女を張店の中に並べて客に選ばせた。揚げ代は貸座敷地域より安い。この女たちの検梅が三三年六月法律第八四号によって強制化された。これによって売春黙認の娼楼街として公許された形となった。患者の強制入院治療が定められた。黙認街ゆえ経費すべてが女たちにかかった。

日露戦争になって県下の貸座敷地域は「風雲一たび動いてより不夜城の真面目を現し」た。門司の馬場では「戦争のため冬枯れ知らず」となり、「切店《きりみせ》」と呼ぶ安値の貸座敷を各楼主の出資で免許地内に新設した。三等料理屋への対策である。そして各楼で持てあましている娼妓を切店にいれた。

三等料理屋の酌婦の救助については政府もとよりのこと、廃娼運動の内部でも意見はわかれた。公娼同様に売春から救い出すべきだとする人びとと、行政公認の売春を廃止へ向かわせるべく運動を集中すべきだとする人びととに。

三三年、政府は貸座敷新設に関する内規を定めた。戸数二〇〇〇、人口一万以上の地。兵営の所在地。船着場。密売淫の弊に堪えざる地、などとした。県下では貸座敷地域の新設よりも、手軽に営める無免許で黙認の三等料理屋街が諸方の町にふえた。ここでは検梅は強制されたが業者も酌婦も無税である。

転売される女たち

門司港から引きつづき娼妓や酌婦が業者が連れられて海を渡った。韓国の各地や清国の大連、旅順、奉天などで軍を相手に営業し、病を得て転売され、戦後そのまま現地に残された女の姿は痛切を極めた。

廃娼運動家の働きによって大連に婦人救済所が作られた。門司から連れ出された博多御供所町の娘が、脳梅毒に侵され「せめて空とぶ鳥なれば、近い博多に巣をかけて……」とつぶやき歌っている様子が地元に伝えられた。国内でも酌婦対策は大きな問題だった。また、しばしば私娼取締りとして「淫売狩り」が行われた。これは三等料理屋街以外の飲食店その他で働く女である。そして幼児虐待めく雇主の対応が新聞で伝えられた。

たとえば、八幡市のあいまい屋に一〇円の前借金で売られた一三歳の少女は売淫を強いられ、驚いた父親が前借金の残金を支払ったにもかかわらず、他の飲食店に一二円で転売。泣き叫ぶのを五〇銭で売淫させせつづけた。

福岡市の飲食店は市内の一四歳の少女を前借金一〇円で雇い、売淫代折半で脅迫。一夜に六人の客を強いて漸次衰弱。梅毒のため頭髪ぬけおち、同店の二七歳の女が苛酷さに堪えかねて警察に出頭したため、同少女が発見された。これらは私娼と呼ばれる女たちの氷山の一角である。

門司港から海外に売り出される女がますます増加した。半島から大陸へかけて支配権が及んだためである。福岡地方裁判所小倉支部の裁判記録には、一七～一八歳の娘にまじって一二～一三歳の少女の海外への密売がみられる。これら売りだされる女を世間は「密航婦」と呼んだ。小倉支部の裁判記録の一、二を抄出する。

被告助一ハ明治四十年三月二十七日長崎市出雲町路上ニ於テ、当時同町大学屋ニ奉公ヲ為シ居リタル長崎県南高来郡フク（十七歳）に対シ、現在ノ所ニ奉公ヲ為シ居ルヨリハ外国ニ到レバ良キ稼ギ口アリ、衣類等モ給与スベキ旨、甘言ヲ以テ之ヲ誘ヒ、同市ヨリ福岡県門司市ニ連レ来リ、同月二十九日フクヲシテ氏名住所ヲ詐称シ、同市港町旅舎茶庄方ニ宿泊セシメ、翌三十日同様偽名ニテ、フクノ清国芝罘行乗船切符ヲ購入シ、門司港ニ於テ外国へ発航セントスル汽船相模丸ニ乗込マシメ、之ヲ蔵匿シタルモノナリ（以下略）

被告米次郎ハ明治三十九年十一月二十三日、福岡県八女郡ニ於テ、ヨシ子当十五歳ニ対シ、良キ雇入レ口ヲ周旋スルニヨリ同行スベシト勧誘シ、英領香港ニ渡航セシムルノ目的ヲ以テ私ニ門司市六番浜ニ伴ヒ行キ、門司港沖合ニ碇泊シアリタル諾威国汽船ダゲード号ニ乗船セシメ、同船下層暗室ニ蔵匿シタルモノナリ（以下略）

右のような勧誘で絶え間なく海外へ売り出された。密航組織は門司寄港の外国船関係者にも及んだ（『からゆきさん』）。

これらは公娼制の影の部分である。自由廃業認可というささやかな糸口を規制にそえようとも、性の不平等を法制化している社会では、ほとんど意味を持たない。「娼妓取締規則」に拘束されぬ地を求めて娼楼は海外に建ち並び、女たちの転売先は中国の奥地や、ウラジオストックを越してシベリア内部へ及んだ。また、南方へは東南アジア各地、シンガポール、そしてインドへとひろがった。オーストラリア、アメリカへも向かった。じごく屋が海外にひろがったのである。

ところで娼妓の廃業の道は明治三三（一九〇〇）年に大審院で「身体を拘束することを目的とする契約は無効」の判決が出てのち、内務省令の「娼妓規則」にも明文化されて大量の自由廃業が出たりして、一応法的に認められた。けれども三五（一九〇二）年二月六日の大審院の判決は、自由廃業をして財産を差押さえられた父親と元娼妓を敗訴とした。この判決は娼妓の年期と、負債とを区別し、娼妓の年期内の自由廃業は判例の通り認めるが、楼主への負債は返済の義務ありとしたのだった。

これによって、自由廃業の道はあるが前借金の返済義務はともなうという判例が確立し、公娼制度の人身売買的な前借金と年期制による身柄拘束が法制化した形となった。以降、救娼運動の救世軍や婦人矯風会、新聞界や教会や知識層などの人権確立を基盤とした公娼制度廃止のたたかいが、暴力にさらされつつ地道につづけられることとなる。

移民とともに

維新ののち福岡県はいわば国境の地ともいうべき地理上の位置がクローズアップされ、それは次第に庶民の生活に及ぶようになった。貧困に苦しむ階層の少女にとって、海のすぐ向こうには金になる働き口があるという誘いは、行政による禁止や説諭をまつまでもなく、だまされても行きたくなる、いや行くほかにない思いにさせられるものだった。ことに石炭が県内に産出してその積出港輸出港が若松や門司に開かれると、誘拐者は輸送船の船員と結託して少女らを船底にひそませ海外に密航させた。大牟田に三井鉱業所三池炭坑の石炭積出港が完成するまでは、有明海に入らぬ蒸気船は長崎県口之津港の沖に碇泊した。女たちは口之津まで陸路を辿ったり、帆船で石炭とともに運ばれて、船に積まれた。

この「からゆき」の女たちは日清、日露の両戦争前後に激増、さらに台湾朝鮮の植民地化によって、飛躍的に拡大した。ここで国境の地としての県下の、関連事項を一応まとめておきたい。明治二〇年前後、福岡の玄洋社を中心とした大陸浪人を自称する志士たちが、韓国や清国に渡って、韓国を属国視する清国の国情視察をしていた。地元新聞にも折々に同地方の民情が伝えられた。たとえば「淫売婦の党派」として、ソウルの現地女が日本人のみを客とする店、清国人だけを客とする店、そして中立党の民族を選ばぬ店の三党に分かれていること、「日本党の総帥《そうすい》」は二一〜二二歳と二二〜二三歳の女二人であり「いずれもその容貌美麗なり」などと。そのころは日本から渡海した女たちは、半島の各地に娼楼をかまえた業者のもとで稼いでいた。

二四（一八九二）年の「福岡日日新聞」には「日本婦人淫を韓人に売る」として、じごく屋の撲滅消除策を在韓の日本公使や領事が計るが何の取締法も立たず、「甚しきは巡査の朋友にして、じごくく屋の亭主たるものすらある有様なり」。時あたかも露韓保護条約締結の噂がとび、ロシアに韓国の密使が派遣されたとのことで現地の日本人はその捜索に意を注いでいる。このような現場で「賤業婦女等の国辱を顧みざるありては、外人等はみなわが国全体をあなどるに至るべく、長大息の至り」である。

同じころ「密航者また押えらる」として、「本邦の卑風を海外に暴露し、わが日本の体面を汚し、国辱となるしわざをなすは実に憎むべきものなり」「しかるにその悪風は近来ますますしきり」で、門司小倉でまたしても密航直前の男女が捕らえられた。

釜山からの通信は領事館が居留地取締規則によって売淫婦若干名に退韓を命じたが、「彼らは飯の上の蠅と一般」にて、「続々と現れ来り、韓客のほうが収獲の沢山なるを喜び、権妻ようの心得にて」「韓人の軽蔑を蒙るは実に言語に絶したる有様」と伝える。清国上海の娼楼も同様だった。

つまり日本人男性にとって公娼の必要不可欠さは、日本国内での、「家」と国体守護のためなのである。そして、その対象となる専業女は「醜いもの」であり、日本人以外には秘すべき共同幻想なのだった。その民族的性観念の限界性を女は心得ず、はばかることなく日本式非日常性を他民族へふりまく。それらの女を使って金をせしめるじごく屋亭主などは、もとより男の風上にも置けぬやから、というわけだった。

日清戦争中の「台湾飛報」には「征台軍駐留以来醜業婦著しく増加」、室に冷房なく、病毒に感染し、病院の厄介になる者少なからず、と梅毒流行を告げた。

日露戦争中は「我軍満州の野に敵を追い占領地は日に月にひろまり行くにつけ、ウラジオ、ハルピン、さては満州より逃げ帰りの白首隊はぞろぞろ芽を出し」「釜山、仁川、京城在留の本邦人某々等は右三カ所に一大遊廓を起さんと」女たちを集めた。博多柳町の娼妓六、七名が直ちに渡韓。久留米の芸妓は清国天津に鞍替え。「その前途慶すべきか、弔すべきかはしばらく別問題として、彼らが男子に先立ちて占領地に乗出さんとする勇気だけは称すべし」。

「醜業婦」といやしめられ「勇気ある女」と称される娼婦たちが、「家」とその中の無能力な妻とを非日常性の場で守る構図は、戦時平時を問わず、太平洋戦争による日本国の敗戦までつづくのである。しかし、「醜業婦」はそのふるさとの村を出るまで「醜業婦」ではなく、その意図もない少女であった。貧しくとも、村の男とたわむれる日々をたのしむ日常的な娘だったのだ。

福岡県では明治三七（一九〇四）年に韓国移民奨励補助を県会で決めた。韓国に県の試験田を作り、農事指導をして移民を奨励することにした。県下は戦争による好景気に入っていたが、国権派が主流を占めるようになった県会では帝国議会同様に、韓国内にロシアが勢力を伸ばしつつあるのをみすごすわけにいかないと、移民の定住を計画したのである。

ロシアとの戦争の勝敗について国民は不安を抱いていた。全国の村むらで祈願がつづいた。筑豊の炭坑に移住した老女は「天満宮さんに参ったばい。村中みな行った。そここの区内で、お煮しめしておこもりした。夜も昼もねらん。日の丸の小旗を背にさしてみんな並んでお宮参りしたばい。ようよう旅順が落ちた。二百三高地が落ちた。ドンガラガッタ、ドンガラガッタ、そりゃにぎあいがあった」と語っている（『まっくら』）。

日露講和条約が調印された年の翌三九（一九〇六）年、福岡県韓国農事奨励組合は移住地の選定も設備も完成したことを発表した。同年中に二〇戸の移住が可能だった。県民の北海道移住者募集も南米その他の移民募集も度々行われたし、県下から移住した者も少なくない。しかし韓国農事奨励のような下準備は北海道移住の場合でもとられたことはない。

韓国への移住者は一〇〇〇円内外の資本金を持って行くこと。門司から木浦直行の船に乗り、木浦着後は同地の見吉野屋支店に一泊。一泊二食六〇銭で移住者に限り宿泊させる。木浦からは川蒸気船で栄山浦に向かう。上陸後は同地の農事奨励組合出張所に行けば宿泊の設備もあり、試験田の実績もあって、移民は宿料その他不要で不安なく移住生活へ入れた（「福岡日日新聞」明治三九年一〇月七日付）。

韓国併合以前の、これが福岡県の農業移住の行政指導だった。当時すでに日本人の土地買占めは始まっていた。商店その他一般の生活移住者も増加していた。

戦争によって性病がどっとふえたと、調査結果が発表された。

朝鮮人の娼楼

明治四三（一九一〇）年八月二二日の日韓併合条約調印後は、個人も企業もそして総督府も植民地朝鮮に渡った。朝鮮からは追われた朝鮮人が日本に働きにやってくる。県下では炭坑や沖仲士、八幡製鉄の関連工場などに朝鮮人労働者がふえた。やがて娼妓の中に客の朝鮮人青年と心中する女もでた。八幡市白川遊廓でのことだった（「福岡日日新聞」大正九年七月一七日付）。大正一二（一九二三）年には門司朝鮮楼に朝鮮から一四歳の少女も売られてきて、日本の少女ら同様に虐待されていることが伝えられた（「福岡日日新聞」大正一二年三月二八日付、一〇月一一日付）。

門司朝鮮楼の設立はいつかはっきりしない。内務省令によって外国人の芸娼妓営業は禁じられていたから、下関に朝鮮人の娼楼を設置するか否かの検討が大正一三年に山口県当局ですすめられた(「福岡日日新聞」大正一三年一一月二五日付)。移住朝鮮人労働者は昭和五年には全国で三十余万人となった。女性移住者は少ない。日本在住の朝鮮人労働者組織である相愛会から日本の主要都市の貸座敷に、朝鮮人娼妓の設置願が出されたのは昭和五年のことだった(「福岡日日新聞」昭和五年九月七日付)。福岡市の新柳町に玉蘭の源氏名でイン・スンナムという朝鮮人女性が人目をひいている、と地元紙が報じたのは昭和六年のことである。

3 貸座敷業者の攻勢

戦争のたびに業者はもうけて公娼制は発展

日露戦争後の明治三九(一九〇六)年二月、凱旋兵士の歓迎準備であわただしい小倉市旭町の貸座敷業者が、遊廓記念碑の建立を協議した。

「小倉舟町(旭町)遊廓は二十三年前に於て発起開始されたるものなるが、その間、日清の役、北清の役、日露の役を経て進転発達し、ついに現今の如く青楼の軒を並ぶもの三十戸、歌妓の籍を列するもの九十体、遊女の花をひさぐもの百二十名の盛況を来たせるが、このくるわの創設にあずかって力ある人々もようやく年を重ね、漸次由緒を遺忘せんとするものから、これら有志の健全なる中、一切の縁起を録せる記念碑」が建った。戦争の度に業者はもうけ公娼制は発展したのだ。

ロシア人の俘虜が、福岡市、小倉市、久留米市に送られてきた。婦人会の有志たちが慰問に出かけた。植木鉢や活花その他を贈った。俘虜の外出は自由であり、俘虜相手の売春で拘留される一般町民の女が出た。彼らはいずれの町でも貸座敷に登楼した。

三九年三月一日、福岡県では県令第一三号で芸妓の年齢を制限した。一二歳未満の者には芸妓営業を禁じたのである。戦後の好景気で福岡市内の娼妓数は戦前三九六人であったが、三九年末は四六九人となった（「福岡日日新聞」明治四〇年一月一〇日付）。

四〇年に柳町貸座敷免許地をそっくり他へ移転させることになった。九州帝国大学の前身である京都帝国大学福岡医科大学を福岡市に誘置するため、大学の近くに貸座敷地区があるのを避けると説明された。

この移転について、移住先の地主との折衝を代表者に一任することになり、大吉楼主の池見辰次郎（三四歳）を一同は選んだ。池見はこれを機会に柳町代表として県下の同業者代表をはじめ、全国遊廓同盟会長をつとめるようになる。そして市会議員に当選、貸座敷営業のために全国的な活躍を開始する。

筑紫郡住吉町に移転した貸座敷免許地を新柳町と呼ぶ。盛大な開業祝が県知事はじめ政界・財界・警察の代表をそろえて四三年に催された。同年には福岡市に雇女《やとな》券番が誕生した。

芸のできる酌婦として雇女は芸者より安く、多方面で重宝がられ、その券番がふえた。

四四年大牟田に貸座敷が免許。池見辰次郎を議長として全国遊廓視察報告を行った。大正二（一九一三）年四月、県下の貸座敷業者が大会を開いた。この当時の貸座敷免許地は県下に九カ所。いずれも遊廓と俗称した。筑紫郡住吉町（新柳町）、遠賀郡蘆屋町、同郡若松町、鞍手郡直方町、久留米市原古賀町（桜町）、三潴郡大川町（若津新築）、同郡大牟田町、門司市馬場新町、小倉市旭町である。

大正四（一九一五）年六月九州遊廓同業者は熊本で大会を開き、池見辰次郎を九州遊廓連合同盟会長に選出、協議の上代表が上京して三等料理屋の酌婦対策を練ることとした。彼たちは次のように主張した。

内務省令の「娼妓規則」で娼妓年齢が満一八歳未満は不許可となったため、良質の女が内地から出てしまう。台湾では一六歳、朝鮮では一七歳から公娼が認可されているためである。また内地でも芸妓は一二歳から認められている上に三等料理屋の酌婦には年齢制限がない。そのため生活困窮者の一二～一三歳から一八歳未満の女の子は芸妓に売られたり、酌婦に売られたりしている。酌婦は条件の悪い三等料理屋で苦難な日を送っている。われわれは困っている一家に金を貸して救い、女たちに仕事を与えているのであるから、酌婦として苦しんでいる女たちをも救うため、無免許の娼楼に反対し、同時に公娼年齢の低下運動をする必要がある、と。

当時福岡県の娼妓数は四年末で一二〇六名。池見は新柳町の娼妓の稼働日数を調査した。大正四年現在で一年未満の娼妓が一九％。一年以上二年までが四六％。三年から四年までが二四％。五年から六年が八％。七年から九年が三％であった。これら娼妓の年齢の比率は、一八～一九歳が二〇％。二〇～二四歳が最も多くて五四％。あとは二五～二九歳までが二三％。三〇歳以上の者もいるが使いものにならない。

なんといっても二〇歳までの若い妓が多くの客を呼ぶ。ところが調査結果は二〇～二四歳が最も多く、稼働日数は一八歳からのせいぜい三～四年間である。その間に病気や妊娠で休んだりする。稼ぎのわるい娼妓は他へ転売せねばならない。娼妓年齢が満一八歳以上と決められたため、稼働日数が極端に短くなっているのだ。補充の娼妓を始終探す状態となった。

ところが三等料理屋は未成年者以外は年齢制限がないので、一人一〇年余りの稼働日数があり、客は一四～一五歳から一七～一八歳の娼妓を求めてそちらへ流れてしまう。

池見たちはこの資料をもとに、上京すると、娼妓の年齢低下運動を全国的に行うべく、他地方の調査にも手を伸ばした。そして帰県後、会合を重ね、公娼の年齢低下を私娼対策と性病予防対策として、帝国議会に提出することとしたのだった。

五年三月、関連代議士が性病予防と密淫売取締問題を衆議院に提案。娼妓年齢低下の件は性病予防の一部として通過した。あとは地方長官会議で諮問の上、具体的規定をみることになった。池見会長は九州各県の知事の意向を尋ねてから、ふたたび上京した。

芸妓への課税

業者が以上の運動をつづけているところ、県会で公娼私娼の制度が論議された。

坂口栄県議が質問した。娼妓は人身売買であること、生理中といえども営業休止の自由がないこと、この奴隷制度を改革する意志は県当局にはないのか、と。

また県当局の公娼私娼の取締方針に統一性がないのはなぜか。本県は私娼である酌婦を認めていて、公設の遊廓と異ならないが「唯公設の遊廓と異なる所は賦金を納めないのと、検梅の制度を受けないという違いがあるのみであって、純然たる一個の遊廓をなしておる。県税を免除せられた所の治外法権の遊廓であると称してもよろしい」のはなぜか。また芸妓税は、芸妓見習い中の一二歳より一五歳未満の少女にまで課税しているが、その税金は免除できないのか、等々の点を県知事にただした。

知事の答弁は県行政、そして男性一般の公娼制度にたいする考え方をよく表わしている。

県当局の方針というものは特別にございませぬ。政府の方針に準拠してやっておるのであります。政府は所謂当らず触らずで自然社会の進歩に伴うて、他日之を廃する時期が来ればとにかく、つまり社会の進化と共に無くなることを希望しておるように思われる。とにかく世間では醜業と見ておる業体でありますから、あまりもてあそばぬほうがよいという政策で放任してあるのであります。

公娼は一種の人身売買といえば語弊がありますが、事実において人身売買みたようなことをやっておる。無論制度の上では人身売買になっておらぬ。しかし事実においてやはり人身売買の遺物でありますからでございますから、これは余程警察でも保護しておる。

これに反して自由の醜業婦と申しますか、そういう者はつまり人権尊重の上から、娼妓みたように警察の干渉のできない場合もある。それでもこれを警察が制度の上において公娼同様に取締るということになれば、一種の私娼という者を公認しなければならぬことになる。これは到底できない。人権尊重を高唱する折柄でありますから、その人権を蹂躙せぬ範囲内において、また、私娼というものを公然とは認めない範囲内において、花柳病の蔓延を防ぎ、風俗上の堕落を防ぐために県当局として取締るのでありますから、なかなか困難であります。芸妓が公然醜業を営むというようなお話でありますけれども、私はそういうことは不幸にして不風流で一向に存じませぬが、或はそういう点があるかも知れませぬ。それは警察の方で相当取締りをしておるつもりであります。（福岡県議会議事録）

国は娼妓よりも業者を保護した

大正五（一九一六）年五月業者団体より提出し衆議院で可決した性病予防と密淫売取締問題を受けて、警察庁は「貸座敷引手茶屋娼妓営業取締規則」を公布した。前規則を改正して私娼を禁じる条項を加え、公娼保護をはかったのである。しかし娼妓年齢は動かなかった。これでは貸座敷業者が納得するはずもない。池見会長は全国同業者大会を各地で催し、同業者の営業権確立のために活動の幅をひろげていった。

一方同じく大正五年五月二二日、「福岡日日新聞」が「売淫婦取締問題」と題して、私娼を禁ずるにとどまることなく、公娼を廃止せよと報じた。菊竹六皷・論説委員の署名である。つづいて菊竹は友人たちと廃娼運動をはじめた。六月六日福岡天神町の日本メソジスト福岡教会で、キリスト教婦人矯風会福岡支部が発会式を挙げたが、これに参加。市内の医師溝口喜六の妻敏子を支部長とし、同教会の牧師や救世軍関係者や九大工学部荒川教授夫妻などと、菊竹夫妻は廃娼演説会を行った。街頭での資金集めをする。菊竹の身辺や家庭に業者が雇った暴力の手がおよび出した。

六年七月新柳町の貸座敷事務所が家宅捜索をうけ、池見九州遊廓総取締は贈賄容疑で収監された。事件の内容は公表されなかった。巷では、内務省にたいする運動費との関連が憶測された。「全国遊廓の大疑獄か」と地元紙は報じた。

国内の私娼禁止に応じて陸続として「密航婦」が連れ出されると門司新報がくりかえし報道した。やがて一〇月になり、新柳町の事件は福岡地方裁判所で予審を終えて、同裁判所の公判に付せられることになった。予審決定書は次のようなものであった。

新柳町には請願巡査派出所がある。ここには常時巡査が詰めている。その巡査を県警の巡査部長が監督指導している。ところで、その監督の任にある巡査部長と、同請願所の巡査とを、新柳町の池見辰次郎会長および事務所の所長と会計係とが、大正三年八月から五年一二月までの間に、二十数回におよんで饗応した、というのである。制服のまま登楼させたり、私服で飲ませたりした、と地元紙は告げ、司法当局もこれ以上の追及は無理か、と報じた。以来業者の攻勢は激化していく。菊竹は業者攻撃をやめない。人権擁護、女性解放に関する菊竹の業績はのちにまとめて記したい。

明治三三年に内務省が発令して国の統制下に入った公娼制度は、法的な保護を受けた。娼妓は自由廃業を認められ、業者は前借金制および借金返済要求権を保証され、ともに営業が認可されている。とはいえその法制上の保護は、いうまでもなく業者保護に重点が置かれている。それは民法上の、戸主権と妻の無能力の関係に類似していた。法的に無能力と規定された妻は、無権利状況で国家法下で保護されているとされた。

ところが貸座敷業者は、現行の国の公娼制度は、業者を保護しているとはいいがたいと主張していた。貸座敷業者の主張は、自分らは貧困にあえぐ家庭に金を貸し、家族すべてを救っている。そうであるのに娼妓年齢が満一八歳以上に制限されたため、貧困家庭の女は国内外の三等料理屋やじごく屋に売られてしまう。それらの店で養女となった女は、一生浮かばれない。国はこれらの女を保護すべく三等料理屋をはじめ、じごく屋のすべてを禁じ、貸座敷業界を保護し、自分らにより権限を与えよ、自分らは救済事業をしているのだから、と。彼らは地方行政から帝国議会まで代表者や同調者を送りこんで主張した。自分たちの主張をいれぬ限り、国は性病でほろびると正論で攻撃した。救国の意気さかんである。

民省局と警視庁はともに地方自治体に地元の私娼の実態と性病の罹病状況を調査させた。福岡県衛生課でも各警察署別に、管轄下の調査をつづけた。明治四一年から大正元年までの集計は大正二(一九一三)年六月下旬にまとまった。これは同期間中に検束した密売淫者を対象にしたものである。六月二七日に「福岡日日新聞」が「売春婦と花柳病、福岡県下五ケ年間の統計」として報じた。これらは集計され公娼制に関する基礎資料となり、五年五月の規則改正に私娼対策を加えさせた。同記事による「密売淫犯則者健康診断、年次別表」は表5のようになっている。なお、検梅は健康診断という表記へと、次第に移行した。

表5

種別＼年度	明治41年	42年	43年	44年	45年	合計
検診数	158人	249人	201人	247人	239人	1094人
有毒数	24人	45人	41人	57人	83人	205人
無毒数	134人	204人	160人	190人	156人	844人
有毒率	15.1%	48.0%	20.4人	22.1%	24.7%	22.9人

同じく五年間の警察署別の検束者数は表6の通り。

表6

門司	277人	若松	133人	柳町	111人	福岡	104人	直方	90人
八幡	86人	小倉	67人	城島	50人	久留米	49人	後藤寺	46人
八屋	37人	行橋	20人	他署	10人未満				

右の検束者の罹病率（％）は表７の通り。

表７

城島	５７・２	八屋	４３・２	福島	３７・５	福岡	３３・６
松崎	３３・３	八幡	３１・３	門司	２５・９	折尾	２５・０
若松	２２・５	小倉	２２・２	他署	２０未満		

前記警察署別による五か年間における罹病者二五〇人の病別分類は表８の通り。

表８

梅毒	５６人（八幡１３人、若松１１人、直方８人、久留米６人他）
淋病	９４人（門司２５人、福岡１６人、八屋１３人、大牟田１０人、小倉８人、八幡７人、若松６人他）
軟性下疳	１００人（門司４５人、福岡１７人、若松１３人、八幡７人、直方５人、後藤寺５人他）
合計	２５０人（門司７２人、福岡３５人、若松３０人、八幡２７人、直方１７人、八屋１６人、大牟田１５人、小倉１５人他）

また同検束者の職業は表9の通り。

	有毒	無毒	合計	有毒率
芸妓	7人	83人	90人	7.8%
雇女	6人	7人	13人	46.1%
酌婦	134人	449人	582人	23.0%
下女	73人	222人	295人	24.7%
農業	1人	0	1人	
無職	27人	80人	107人	25.2%
飲食店家族	2人	2人	4人	
遊芸	0	1人	1人	
合計	250人	844人	1094人	22.9%

表9

県警では大正元年一〇月に飲食店雇用者の健康診断を直方署管内で行った。また一一月に小倉署管内で実施した。両者の結果は表10の通りであった。

	検診数	有毒数	無毒数	有毒率
直方	62人	34人	28人	54.6人
小倉	66人	16人	50人	24.2人

表10

県ではこれら密売淫で検束した者および右二署管内の飲食店雇用者の結果を参考に、密売淫者の取締り強化の具体策の協議に入ったのだった。

第4章　売春王国とデモクラシー

1　「私生児」の母

増え続ける遊興費と遊客数

大正六（一九一七）年一一月現在で福岡県下の貸座敷免許地は、八幡が加わって一〇カ所となった。福岡、小倉、若松、八幡、門司、蘆屋、久留米、大牟田、大川（若津）である。これら免許地の娼妓の健康診断（結核・トラホーム・性病などの検査）の実施をはじめた。また同年中に芸妓や酌婦、水仕（下働きの女）などの健診をして、その受診者の罹病状況が調べられた。

このときの資料をもとにして、県の警察医会では芸妓、娼妓、酌婦などの健康診断基準協議をはじめた。受診者の性病の罹病状況は表11・12の通りであった。

これによると、料理屋関係の酌婦の罹病率が高い。私娼に分類されている各地の遊廓類似の三等料理屋の酌婦が、もっとも無防備な姿にさらされている。

県下にはこれら無許可の売春街である三等料理屋地域を、貸座敷地区にして公娼にせよ、という要請は絶

娼妓罹病状況

延受診者	150、682人
梅毒	1、01人
淋病	1、317人
軟性下疳	1、348人
その他性病	263人
合計	3、129人
その他疫病者	3、130人

表11　福岡日日新聞　大正7・10・27

	芸妓	酌婦（料理屋）	酌婦（飲食店）
受診者	5、717人	23、925人	5、424人
性病その他罹病者	352人	2、243人	422人

表12　福岡日日新聞　大正8・1・28

えない。しかし内務省では全国の私娼（酌婦、芸妓、密娼）にそのままの状況で私娼鑑札を与えて、強制検梅制を実施する方向で検討をすすめていた。つまり私娼を貸座敷制下にいれることなく、集娼地区指定制を採用して現状のまま検梅を制度化し、性病の蔓延を防ぐ、という方向である。公娼制度自体は漸次消滅へ向かわせんとした。そのための接客婦調査が県下でもたびたび行われた。

八年一月末の接客婦の人数と前月比は表13の通りである。

接客婦の人数とその前月比

	人数	前月比	内訳
芸妓	2、027人	+72人	福岡586人、久留米250人、その他
娼妓	2、020人	+12人	福岡658人、門司333人、その他
酌婦	3、584人	+111人	若松477人、後藤寺372人、直方371人、福岡305人、その他
宿屋下女	4、402人	+207人	
合計	12、033人	+417人	

表13　福岡日日新聞　大正8・3・9

これは各警察署別の集計によるもので、酌婦・水仕に類する者を宿屋下女と見なしたのは二日市署内であり、温泉のあるこの地域では旅人宿と料理屋を兼業している店が多く、太宰府町と湯町にそれらが散在しているためこの呼称を用いたという。この調査によると、酌婦は貸座敷および芸妓置屋の少ない炭坑地域の遠賀郡、鞍手郡、嘉穂郡、田川郡に多い。

遊興費は大正七年までの一〇年間で、明治末のおよそ四倍強、遊客数は五倍強となっている。一年間の遊客数は大正七年末現在五九万九、八二五人である。

公娼制の規則の中に私娼を禁ずる項目をいれて「売婦根絶の新法」といわれ、あいまい屋で売淫を強いられる女たちを拘置したが、大正二年一月から県ではその処罰法を変え、検挙した女は前借金の残高にかかわりなく原籍地に送還することとした。養女にされて自由を失った娘たちは一様によろこんだ。その初回の送還は大浜町のあいまい屋に売られた直方の娘だった。巡査が駅まで同行し、乗車キップを買い与えて送り出した。福岡市の下須崎町、対馬小路町、大浜町、通町などの三等料理屋の売春禁止ではなく、その近辺のあいまい屋の女たちの、無届外泊の検挙だった。

福岡市では五年秋の陸軍大演習のため、大本営を設置し、公衆衛生の強化はもとより、公娼私娼、芸妓、雇女《やとな》の検梅を強行。売淫で拘留した娘の原籍地送還を途中で奪った抱主は検事局送りとした。芸妓と雇女の売淫は初回は拘留、二回以降は私娼常習者として営業許可の取消しとした。

これら私娼対策は性病対策だった。貸座敷地域での売買春は生活文化の一端となり、社会に不可欠な娯楽として政界財界をはじめ軍隊や労働界の潤活油の役割を担うと考えられて法的にも保護される。貸座敷業界が問題としている三等料理屋街は、検梅をしつつ、なお黙認をつづけている。福岡市には中央政界の後ろ盾を持つ馬賊芸者が、その奔放な客あしらいで炭鉱主たちに重宝がられた。また彼らの私生児を産んで子と共に毅然と生きる女たちを育てている。県下、わけても福岡市の遊里は「芸どころ博多」の名を高めて、九州、山口ばかりでなく、植民地から中国大陸の都市へかけて花柳界の規範めく誇り高さをもっていた。

福岡の花柳界は筑豊炭田をぬきには存在しない。その経済的政治的宝庫を背に、芸者券番は中州、水茶屋、相生、博多、新柳町、南の六券番が競う。所属芸妓が大正六年に約四八〇人になった。

芸妓は幼女の折に芸妓置屋の養女となり、見習いから半玉、襟替えを経て一本になる。けれども芸妓鑑札は小学校の義務教育を終わらねば受けられなくなった。仕込み中の幼女たちは座敷で踊りもし鼓も打って税を納めている。

この見習いや半玉の少女たちのための小学校が、行政や券番などで問われはじめた。「芸どころ博多」の名も実質を帯びだした大正六年九月、市内券番は協議を持ち、相生券番にほど近い奈良屋尋常高等小学校に交渉した。そして同校の五人の先生が規定時間をさいてこれら少女たちに授業を行うことになったのだった。一一歳から一六歳までの少女四七人が通学をはじめた。午後一時からの授業である（「福岡日日新聞」大正七年三月四日付）。

新柳町の翠糸校も義務教育部門を置いて、近くの住吉尋常小学校の代用校となった。同校から三人の先生が教えに通う。午前一〇時から約八〇人の半玉や見習い中の養女たちが勉強をした（「福岡日日新聞」大正一〇年七月一七日付）。奈良屋小学校に通う券番関係の子らは一二年には一二〇人となった。また久留米市の日吉尋常小学校も八年五月から同じように特別学級を編成して少女たちを受けいれ、四年間で一〇〇名近い卒業生を送り出した（「福岡日日新聞」大正一二年七月一六日付）。

民法の偏った性観念

明治四〇（一九〇七）年七月一四日、田川郡の豊国炭坑がガス爆発、死者三六五人。相つぐ災害の中で明治期最大の炭坑災害だった。女坑夫も亡くなった。ついで四二年、大之浦炭坑がガス爆発、死者二五五人。こうして両親を失った孤児たちを福岡市の万行寺が預って養育した。龍華《りゅうげ》孤児院という。同院は三二年六月にやはり豊国炭坑の災害で両親を失った子らを預って開院したもので、その後県下の孤独な子どもたちの家庭となっている。

福岡県では炭坑災害をはじめ、製鉄所やその下請工場、沖仲仕などの事故が絶えず起こった。大正五年九月一日工場法が施行されて、業務上の死者の遺族に扶助料が支払われることになった。しかし内縁関係の妻子には支給されない。大手鉱業所の炭坑では結婚届を出した者には祝金五円を支給することにして、六年から内縁関係の消滅をはかった。

福岡県の「本県人」の出生児一〇〇にたいする私生児の出生率は、大正元（一九一二）年の県平均が八・七九％であった。これは明治三五年の県平均七・〇四％に比し、かなりの増加である。ことに都市部の増加が目立った。福岡、久留米、小倉、門司の四市の平均が一二・四二％である。

私生児の増加は戸籍届無視の結果ばかりではない。大正五年度の私生児は県下で四、九七二人である。庶子数三六四人。私生児は父親の認知によって法的保護下に入り庶子と呼ばれるところが、それがはばまれていた。母親が訴訟に持ちこみ、法に照合して敗訴した。「婚姻ノ予約ハ当事者ヲ拘束スルノ効力ナク、之ヲ履行スルト否トハ全ク当事者ノ自由」という大審院判決のまにまに、父親は認知をこばみ、法的無権利状態の子が育った。

大正四（一九一五）年一月二六日、この情況にたいして「婚姻予約有効判決」が出された。やっと私生の子にたいして父親が責任を持つことが、法的に求められたのだった。女たちには名誉侵害にもとづく慰謝料請求の道がひらけた。この判例によって県下でも、田川郡の乳児の母二二歳が婚約不履行と貞操蹂躙にもとづく慰謝料請求で勝訴した。また、門司市清見町で奉公中の娘一七歳が、雇用主によって妊娠させられて提訴等々、女たちの人権主張のごく一端に糸口がつき「雨後の筍のように貞操蹂躙の訴え」と地元紙が報ずるようになった。

福岡地方裁判所民事部に提起して慰謝料一、五〇〇円請求に勝訴した女は、仲人を介して結婚した早良郡の出身者だった。彼女は福岡で家庭を持ち懐妊した。しかし夫は言を左右して婚姻届を出さずに出奔し、他の家庭に入夫したケースであった。

実父とともに離婚訴訟をする妻が相変わらずつづく。離婚ならびに損害賠償二、五〇〇〇円の請求を起こした八幡の妻、病気静養のために実家へ帰っている間に妻を捨てて出奔した夫にたいする小倉の妻からの離婚訴訟等々。地元新聞にも「婦人の心得べき法律」がくりかえし記事となった。

人権上の男女格差のはなはだしい民法にたいして、大正八年七月、政府に臨時法制審議会が発足し、全体的な見直しに入った。いや、実はこの見直しの発端は別の理由からだった。

かつて民法公布直後、民法の基調にはフランス流の個人主義、民主主義が入っていて、既に施行中の帝国憲法の精神に合致しないという立場をとる学者たちが、民法の施行に反対して延期を求めた。彼らは日本固有の天皇制に依拠した家族国家の民法を要求した。そして激しい討議を経て改正され、明治三一（一八九八）年七月一六日より施行となった民法だった。

この民法下で女たちは法的無能力者と定められた。家族の統率者を戸主とし、戸主に家長権を与え、長男に家督相続権を与えた。戸籍をともにする者を「家」の成員とし、家族は家長に従う。この家制度は天皇制の国家原理と体系的に統一され、天皇を宗家とする忠孝一致の家族国家が維持されるとしたのだった。

けれども産業化の進展とともに、「家」の成員は流動が激しくなる。個々人の社会的な任務も強化され、教育の発展は二、三男の発言力を強めた。女たちも参政権を求めだし、民法は生活の現実と合わなくなってきた。そこで、それにたいして、家制度の分解をとどめつつ、これを再編成して「家」を強力な国民思想の統一体とすべく、民法の見直しが始まったのだった。

法律の不備を正して戸主権をさらに強化し、親族の範囲を拡大し、家制度を強化する。たとえば婚姻にたいして親の同意が必要な年齢を現行の男三〇歳、女二五歳から無制限に引上げることが考えられた。

これにたいして、近代化する社会に対応して変化していく家族の現実に、民法を近づけるべく改正しようとする委員もいた。臨時法制審議会は激しい論争の場となった。その進展は折々に県下の新聞紙上にも報じられるようになるのである。

こうした動きの見えはじめた民法である。離婚について現行の民法は、第八一三条、夫婦ノ一方ハ左ノ場合ニ限リ離婚ノ訴ヲ提起スルコトヲ得、として、一、配偶者ガ重婚ヲ為シタルトキ、二、妻ガ姦通ヲ為シタルトキ、三、夫ガ姦淫罪ニ因リテ刑ニ処セラレタルトキ、とあって、夫の姦通は相手の女の本夫の告訴によって刑に処せられた場合以外、離婚理由にならなかった。同条の五に、配偶者ヨリ同居ニ堪エザル虐待又ハ重大ナル侮辱ヲ受ケタルトキ、とあるのを頼りに、福岡県の女も離婚願の提訴をしていたのである。しかし大多数は「泣き寝入り」であり、母子心中が相変わらず新聞に報じられた。無権利の果てに死を選ぶほかにない思いに追いつめられる。その過程は、売られた女として娼楼で生きる者も、家父長の性欲のままに子を産む以外にない産婦も、同じであった。

次に、県下の女たちの、子産みの苦悩の一端を記す。

大正一〇（一九二二）年門司市川端の料理屋の夫婦は、奉公中の二六歳の女が分娩するや、子を養子へ出し、同女の逃亡を防ぐため座敷牢に監禁して売春させていた。これが発覚して小倉検事局へ送られた。

浮羽郡の一一人家族の戸主は、長女を芸妓に出し、私生児を出産すると圧殺。久留米裁判所支部で懲役一年六カ月の判決を受けた。

田川郡の飲食店夫婦は奉公中の女が分娩すると、養育費を惜しんで圧殺。目下取調べ中。

一〇年一一月末の朝早く福岡市内の小学校の廊下で、市内の女が死児を分娩。

久留米山砲隊の初年兵が堕胎教唆。第一八師団軍法会議で審理の末、懲役二カ月。小倉衛戍《えいじゅ》監獄へ送られた。

糸島郡の一九歳の娘、奉公先で分娩し直ちに絞殺。出血止まらず苦悶に堪えかねて受診。家人が腰巻にくるんだ嬰児の死体を発見した。

三井郡の二一歳の女、久留米市の売薬店主に依頼して堕胎。同村の男の胎児である。

八女郡の娘、久留米市の産婆に堕胎を依頼。二五円で二カ月の胎児を堕胎した。

粕屋郡の一七歳の娘、宇美町の医師に堕胎を依頼、六カ月の胎児を流産。医師は同医院の庭のみかんの木の根元に埋め、二八円六〇銭受け取る。

若松市の病院長、同病院の産婆兼看護婦を妊娠させ「子供への愛着に泣く女を同僚の施術で無理に堕胎させた」。教唆及び幇助として起訴。

粕屋郡の二三歳の女、香椎で奉公中に凌辱されて妊娠。同郡の産婆の施術をうけ三〇円の料金を払い、捕らえられる。

下毛郡の分教場の女教員が奉職中に私通。自ら堕胎を施し、目下取調べ中。

三潴郡の二一歳の女、五カ月の胎児を同郡の男五二歳の施術で堕胎。

八幡市娼妓病院在職中の警察医が中学時代の友人に頼まれ、友人の女に同病院内で堕胎手術を行ったことが発覚。「警察部狼狽す」。

これらは大正一〇年前後の地元新聞記事の一端である。男の性交は自由、受胎は女の責任という、片寄った人権意識のもとでの、法的基準によって浮かび上がった男女のありようだった。家長である戸主は、妻や子をあいまい屋へ売る権利を持つ。そしてしばしば雇用主に借金を重ねさせた。

こうした偏った性観念が法制化された民法下で、公判に付された一件を次に抄述する。久留米市の慶応元年生まれ、五六歳の産婆による堕胎施術である。判決は、被告産婆を懲役六カ月に処すというもの。その理由。


被告ハ産婆ナル処大正九年五月二十八日被告ノ居宅ニ於テ、シチヨリ自分ハ或ル男ト関係シ妊娠ノ身トナリタルモ、夫婦トナル能ワザルニ依リ堕胎ヲ為シ呉ルルヨウ依頼ヲ受ケ、之ヲ承諾シ、同家六畳ノ間ニ於テ、同人ノ子宮内ニ長サ約二寸ノ桑枝ヲ挿入シテ羊膜ヲ破リタルヲ以テ、シチハ右堕胎施術ノ結果翌二十九日ニ至リ自宅ニ於テ妊娠五月位ノ男子ヲ流産スルニ至リタリ。

以上事実ハ、一、被告ハ一旦之ヲ拒絶シタルモ、シチノ再三ノ依頼ニ依リ同人ヲ六畳ノ間ニ臥セシメ、腹部ヲ揉ミ見タルニ腹ハ冷エテ胎児ノ既ニ死セルモノト思イタルモ、陰部ニ長サ約二寸ノ桑枝ヲ挿入シ水張ヲ破リ遣リタル旨ノ供述。一、証人シチノ当法廷ニ於ケル、自分ハ進吾ト関係シ妊娠シタルコトヲ知リタルヲ以テ同人ヨリ金二円ヲ貰イ受ケ、二週間分月経丸ヲ服用シタルモ効能ナキヲ以テ、更ニ同人ヨリ金三十円ヲ貰イ、被告方ニ至リ堕胎シ呉ルルヨウ依頼シ施術料トシテ金三十円ヲ交付シタルニ、被告ハ自分ヲ仰向ニ臥セシメ陰部ニ何カ挿入シ呉レタルガ、翌日自宅ニテ男子ヲ流産シタル旨ノ供述、ヲ綜合シテ之ヲ認定ス。

法律ニ照スニ被告ノ所為ハ刑法第二百十四条前段ヲ適用シテ処断シ、押収物件ハ没収ニ係ラザルヲ以テ、刑事訴訟法第二百二条ニ従イ差出人ニ還付スベク、公訴裁判費用ハ同法第二百一条ニ則リ被告ニ負担セシムベキモノナリ。

この公判に証人として出廷した堕胎依頼人の二〇歳の女と、相手の二〇歳の男にたいする判決は資料に接し得ず不明である。

娼楼のふとん部屋で死に瀕する女

受胎調節を主張し、その運動に献身するサンガー夫人の来日は、大正一一（一九二二）年三月のこと。東京に日本産児調節研究会が結成された。同年四月福岡県産婆会総会では受胎調節反対論が出た。女の主体的な受胎調節については専門分野においてもこのように、意識は低いものだった。そして出産後の子殺しがなおつづいた。

たとえば、養子結婚をしたが、夫と実父との折合いがわるく、離婚。思いあまった女が、生後三〇日の子の口にダイナマイトを仕込んで爆発させた、というのも現れた。

「死産児一五〇名。妻女の嬰児殺し」として嬰児圧殺が大正年間になお習俗としてつづいていた県下の村の、司法上の調査が発表されたりした。

しかし芸娼妓や酌婦など接客業から抜けられぬ女たちの受胎についての冷たさは、女一般にたいする男たちの人格無視を如実に物語っている。これら接客女性が産みおとした女児は養女に出され、生母と同じ生涯に沈んだ。客のための検梅のみ強行され、女たちは客からの感染にさらされ、その上受胎におびえつつ稼いだ。

次の聞き取りは明治二九年生まれのおキミの娼楼での体験である。

おキミは二年あまりたって少女たちの「ねえさん」にさせられた。新しく入ってきた子のめんどうをみさせられるのである。まだ一三～一四歳という子の中には、生理のはじまらぬ少女もいた。おキミは泣きじゃくる子を自分の体の上に男のかわりにのせて、なだめすかしつつ夜ごとの労働を教えた。ときに、ともに泣きだした。少女たちには限界を越える労働であった。

毎朝三〇人をこえる少女たちの生理をたずねて、順調であるかどうか聞いた。避妊は洗滌によった。クレゾール液を大きな桶にいれておいて、ゴム管をさげてつかった。生理がとまった子は、いちはつや、つわぶきの根をすりおろして、ガーゼを一寸角に切ったものに包み、子宮口にあてててやった。一日中そのままにしておく。そして月経不順用の漢方薬を飲ませた。

娼楼には鉗子や子宮鏡がそなえられていた。毎日梅毒がうつされていないかどうか診てやった。膣や子宮口がただれている子には、ヨードホルムをつけてやり、煎じぐすりを飲ませた。

生理がとまった子の薬は毎日とりかえてやる。子宮口はなかなか開かないので、つわぶきのくきをさしこむこともあった。こうして一週間ほどするとガーゼの表に血がにじんでくる。少女もおキミもほっと安堵した。血がにじんでくればしめたもの、とおキミはいう。あとは月のものが始まった。始まれば海綿をつめて商売に出した。これら漢方薬は売薬行商の男たちが運んできた。

むかし中国の宮刑は死刑につぐ重刑だった。宮刑を受けた宦官がその断種によって、どのようにゆがんだ性情を史上に及ぼしたかをわたしたちはみてきている。おキミたちの子おろしは、女のもっとも残酷な断種の刑だと、わたしはからゆきさんの心を握りしめる。(『からゆきさん』)

おキミは娼楼につとめながら、自分がはたちになる姿を想像することができなかったと語った。少女らのほとんどがはたち前に死んでいたからである。娼楼のふとん部屋で死に瀕する女の悲惨さは筆にしがたい。

死亡してもなきがらを引きとる家族がいない者も少なくない。わけても酌婦は身を売るとき、生家を失い、養女の身となっていたからである。

2 デモクラシーの波

国際的に話題となった女性児童の人身売買

大正一〇（一九二一）年九月二二日の「福岡日日新聞」の論説で、菊竹六皷が「日本における人身売買」をとりあげた。つづいて二五日「悪周旋屋を取締れ」を記した。いずれも国際連盟からの要請にたいする反応だった。

九年の一二月一五日に国際連盟の第一回総会が開かれて、連盟の設立以前から関連機関で問題となっていた女性児童の人身売買の廃絶をとりきめたのだった。そしてただちに各国の政府にたいして、同問題にたいするこれまでの立法措置についての質問状を発した。

日本も連盟に参加していたので九か条の質問状がとどいた。しかし政府は苦慮した。国内の公娼制度の立法措置は、人身売買の前借金を承認し、その返還を義務づけている。何らかの変容を考慮せざるをえない。その上国際的な批難を浴びているのが、海外の娼楼だった。

大正三（一九一四）年八月の第一次世界大戦に日本は対独宣戦を布告し、中国の青島を占領したのだが、たちまち六〇〇〇人あまりの日本人渡航者にまじって七〇〇余人の「醜業婦」が営業。同業の状態は上海、シンガポール、マニラなどの現地でも同様で問題となり、七年秋にはマニラの娼楼が警察に包囲され、一一〇余名の娼妓は指紋と写真をとられ、二四時間以内の退去を命ぜられた。強制退去はマニラにかぎらない。東南アジア各地、そしてシベリアのニコライエフスクでの事件発生と共に、極東ロシアの各地からも女たちは追われた。日本人醜業婦追放にはじまる女性児童の人身売買廃絶は、大戦後の国際間の大きな問題となったのだった。

大正元年二月二六日、大審院で芸妓娼妓らの前借金は、民法第九〇条の公序良俗に反する契約ゆえ無効という判決がだされた。自由廃業を認めるかたわら、前借金の支払い業務を女たちに負わせていた判例は、国際的な批判の前で、こうしてくずれた。人身売買を認可していた伝統的な慣行も、法的措置も、一応否定されたのだった。

とはいえ女たちの人権が認められ守られはじめたわけではない。国際連盟の「女性児童ノ売買禁止ニ関スル国際条約」は、女たちの保護年齢を二一歳とした。これにたいして日本政府は一八歳を主張した。公娼認可が一八歳となっているためである。同時に植民地は適用外とする留保条件をつけた。この条約調印の批准が国会に求められた。菊竹六鼓は速やかな調印を求める論説を書いたが、貸座敷業者の反対運動はいよいよ激しくなっていった。

一方、女性に関する国際的な対応の必要性が、別の面からも起こってきた。大正八(一九一九)年国際労働機関は第一回総会で、「母性保護ならびに女性の夜業禁止」を採択した。これは炭坑の坑内で働く女たちに直接影響をおよぼす条約だったが、この条約の批准も迫られ、それが遊里にも関係してきたのだった。

福岡市の商店街で女定員の休日が問題化し、ぽつぽつ実施に入りはじめるや、一〇年春には新柳町の芸妓が休日を求めた。これにたいして同町の券番が月一回の休みをきめた。ところが市内の他の券番に波及、議論百出。市内全券番の討議となった。最終的に落ち着いた休日案は、月一回の休日の代りに、休日日数を各人の年期から差し引く、という実効性のないものとなった。しかし芸妓の休日要求はそののち各地の券番に及んで、各地各様の公休となっていった。券番総出で海水浴に行く、というようなものまで含めて。

一〇年の六月三日から七月五日まで、国際連盟主催による女性児童売買禁止会議がジュネーヴで開かれた。日本代表も加わった。こうして人身売買で擁護されているゲイシャガールがもたらす粋な座敷が、世界の不粋な人権問題に照らされはじめた。東洋一の製鉄所の町・八幡では一一年二月、芸妓置屋組合が市内の各料理屋と協議して、芸妓仲居の公休日を毎月二八日と定め、直ちにその月から実施に入った。

それでも娼妓や酌婦の日々は業者の管理下で変化がない、相変わらず客との心中や、同僚との心中、母子心中が報ぜられる。県下の廃娼運動家がこれら娼妓に働きかけ、一一（一九二二）年五月、八幡で自由廃業願が署へ提出された。

これは八幡市通町教会の牧師を介して届出たものである。そして七月には門司市桜町の酌婦二二歳が、一二年七月には門司市馬場の娼妓二二歳と二五歳の二人が、門司ルーテル教会に救いを求めて自由廃業を届出た。

小倉のキリスト教関係者は廓清会を設けて自由廃業のビラを作製し、これにたいして小倉市旭町の楼主たちが警戒を強めた。小倉署では教会関係者を呼んで訓戒を与えたりした。業者と警察との結びつきは、度重なる菊竹の指摘をまつまでもなく濃厚だった。

一三年四月、門司署長および警視、警部、警部補の以上四名と、門司料理屋組合幹部の四名が、新券番設置運動にともなう贈収賄罪で公判にまわされた。

「慰安婦」が帝国議会で承認される

大正一三（一九二四）年九月一三日、「福岡日日新聞」の論説に、菊竹六鼓は「遊興税引上げと花柳界的勢力」を書いた。

また同年一一月一三日、「教会襲撃事件を論じ、また天下の青年者に嘱す」を記した。

前者は警察および地方自治体の首脳部と結びついた貸座敷業者の勢力を排撃したもの。

「花柳界の代表者らは、上は衆議院より、下は市町村会議員に至るまで、臆面もなくノサバリ出で」「警察を動かし、有志家を動かし、銀行家を動かし、新聞記者を動かし、而してなお足らざる所に向って、彼らはその強大なる暴力を用うる」と記し、「わが社会の上下、愕然としてこの事実に覚醒し、このおそるべき勢力の蔓延を防止し、鎮圧し、掃蕩してわが社会の健康を保護するにあらざれば、全日本は必ず花柳病に斃るる」と論じた。

そして後者は、福岡市内で起こった暴力事件に関連する論説であった。一三年一〇月一五日天神町の日本メソジスト福岡教会で午後七時半から公娼廃止の演説会が開かれることになっていた。この会場に新柳町の妓夫、板前ら三十数名が襲撃、牧師らを傷つけ、オルガンを破壊し、さらに牧師宅に乱入、室内を荒らして引き揚げた。

同事件の経過や検挙、判決など関連者について、木村栄文著『六鼓菊竹淳』（葦書房刊）にくわしく述べられている。同書に「この暴行事件を使嗾《しそう》したうえ警察と裁判所に手を回した人物こそ、新柳町遊廓の取締で全国遊廓連合会長、池見辰次郎である」と菊竹は信じていた、とある。池見はこの当時「現職の福岡市議として、市政にも隠然たる勢力を及ぼしていた」。菊竹は「警察が池見の一派に無力である事実を実地に見ていた。ことにこの年には、友人の医師溝口喜六の夫人敏子（福岡婦人矯風会会長）が新柳町の妓楼から脱走した姉妹をかくまったため、自宅の門前で暴漢たちに袋叩きに逢うという事件が起こっていた。敏子夫人は肋骨骨折の疑いがあるほどの怪我であったが、警察では捜査に動こうとしなかった。やがて、遊廓側が警察に事件のもみ消しを画策した事実が判った」。

菊竹は覚悟を決めて先の論絶で痛論したのである。これが前借金契約無効の判決が出たあとの、自由廃業実行の現実だった。娼妓たちは相変らず何の保護も保証もない。菊竹は論じた。「嫌悪すべき理由のもとに、警察権がなんらの威力も発揮しえなかったにせよ、警察なるものは要するに一個のでくの坊ではないか。かくのごとき捜査機関によって、あやまれる事実の上に行なわれたる裁判ありとせよ。そはひっきょう一場の茶番狂言ではないか」

この論説は自宅に毎日のように脅迫状を投げこませた。物騒な来客がつづいた。しかしなお、菊竹は一一月一八日、乱打された広田牧師を擁護すべく廃娼演説会を市内西中州の第一公会堂で開いた。「公会堂はじまって以来の聴衆を集めて開催した」のだった。

しかし暴力事件は廃娼運動をめぐってなおつづいた。一一月二二日、八幡市キリスト教連合会主催の会場でも起こった。その前日集会のビラをまいていた者が路上でやられた。翌二三日門司青年会館でも、というように。

この一三年の年末からはじまった衆議院の第五〇議会で、公娼制度制限に関する法律案が出された。これにたいして「本案は国民衛生上重大であるから内務および陸海軍当局の意見を聞きたい」との提案があり、内務次官と陸軍医務局長が答えた。前者は、公娼は古い歴史があり、これを廃止すれば私娼が跋扈して国民衛生上危険である、と応じた。後者は、公娼制度は陸軍の戦闘力にも影響するから内務次官の主旨に賛成であると述べた。そして公娼制度制限案は無記名投票の結果、否決された。

軍隊とその慰安婦としての公娼制の保持は、こうして帝国議会で承認された。それ以前に県下で行われた陸軍の大演習の折には芸妓の強制検診も行われて県会で問題となった。大正五年の秋の特別大演習は明治四四年の大演習前に「殆ど命令的に健康診断を行った」(大正二年県会議事録)ことが功を奏したので、芸妓娼妓ともに全員強制検診を行う、とし、演習がはじまるや「日頃の三倍の登楼であった」(「福岡日日新聞」大正五年一一月二日付)

これらの例で見られるような慣行が重なり、軍隊と公娼制を結びつけた。「公娼制度制限ニ関スル法律案」の衆議院への提出者は運動の最初は人数も多かったが、遂に松山常次郎ただ一人となった。同案の主唱者たちは遊廓を選挙区とする議員や貸座敷業者らの圧力によって脱落したのだ。同議員も身の危険を避けて自宅へ帰らずに同案を提出した。国際連盟の「女性及ビ児童ノ売買禁止ニ関スル国際条約」の批准は翌年に迫っていた。

公娼制度改廃意見山の如し

第五〇議会の「公娼制度制限ニ関スル法律案」は前記のごとく否決された。婦人矯風会を中心に運動をすすめてきた同案の提出を、業者は組織をあげて妨害した。反対運動を指導してきた会長の池見辰次郎が、福岡から全国の同業者に檄文を送った。娼妓年齢を一六歳へ低下せよ。貸座敷業者の営業権を守り、国家を性病から守れ。そして一四年三月福岡市西中州公会堂で全国大会を開いた。同大会に福岡市会議員でもある池見を後援して、福岡市は五〇〇円を寄付して、物議をかもした。菊竹が花柳界と衆議院や市町村会、警察、司法、財界、言論界、その他の癒着を鋭く論じた数カ月後のことである。池見はつづけて四月に神戸で大会を開いた。

人身売買禁止に関する国際条約の批准を政府は枢密院にはかり、枢密院は、国家の対面にかかわるので保護年齢の留保と、植民地は適用外とする留保の二条件を早めに撤回すべし、と希望条件をつけて批准した。これに引きつづいて各界代表者による同条約批准と公娼制度制限に関する請願がくりかえし行われた。

一五年五月一日、内務省では全国警察部長会議が開かれ、警保局長の松村義一が重要案件として、公娼制度について諮問した。娼妓取締規制改正のための案件である。

先に福岡県下の警察署でも私娼をふくめて性病などに関する統計資料を整備しつつあったように、当局では国際連盟の要求や国内の全般にわたる近代化に対応すべく、識者に意見を求めて研究を重ね、公娼制度改革の方向を検討中であった。そしてこの度、警察署の自発的提案を求めるとして、警保局長は次の三件を問うたのである。一、娼妓の自由。二、貸座敷並に芸妓置屋制度の改正。三、娼妓に対する人身保護。

「娼妓の自由」などという発想による警保局での全国警察部長らの検討会は、かつて考えられぬことだった。同局長の松村義一は志賀直哉の近親者であり、人道主義に共鳴していた。二日間におよんだ討議の様子が「福岡日日新聞」に連載された。さらに各県の警察部長の意見が記事となった。松村局長をはじめ、代議士や福岡県警察部長の談話もその後数日にわたって紹介された。

内務省における討議は「公娼制度改廃意見山の如し」であったが、集約すれば次のようなものとなる。「公娼制は現在の日本では直ちに撤廃は無理だが、しかし、ないにこしたことはない。けれども撤廃後の結果は未知数である。いずれ未知数なら、論理上すぐれた方をとるべきで、従ってこの制度は撤廃したがよいのではないか」というもの。

なんとも歯切れがわるい。この会議の最中に業者は全国大会を催した。取締りに当たる警察もまた深く業界とかかわっていた。局長は各県毎にそれぞれの情況を考慮しつつ改正に取り組むことを指示し、その方針を報告することを求めて会議は終わった。

やがて各地の待遇改善案が報道されはじめた。公娼廃止へ向かう県も出た。しかし福岡県の改革は容易に進まない。何しろ池見会長の膝元の「売春王国」である。ようやく八月二日に「池見氏の尽力に依り」として、五日から次のことを断行する、と県警が暫定改善案を発表した。

娼妓の張店を一二時限りとする。娼妓の便所掃除を全廃する。契約時に支度金として二、三〇〇円天引きしている習慣を全廃する。娼妓が身内の病気見舞に行く際に仲居（遣手婆）が随行し旅費その他を娼妓負担としているのを改める。

そして八月二五日県令第一一三号と第一一四号で「貸座敷娼妓取締規則」と「料理屋飲食店貸席営業取締規則」を公布した。福岡県の新規則である。内務省警保局長の提案に応じた、娼妓の自由と人身保護のための改正結果である。

これによると、池見会長の膝下のこと、県は驚くべき変更を果たしていたのだった。まず、娼妓年齢を一八歳から一四歳に下げた。営業期間を二四カ月から、四年に延ばし、さらに一年の延長を認めた。また、外出禁止を付した。ただし日の出から日没までの間は貸座敷所在地の市町村内に限り外出することを得、とした。

以上は業者大会ごとに、池見が主張してきた営業権の主張である。その県行政による規則化だった。娼妓の自由と人権のためとおぼしきものは、洗滌所を設けることと便所に時々防臭剤をまくこと、の二件のみ。

この内務省警保局長の案件に応じて、このとき廃娼決議を行った県も出ている。また存娼県も、それぞれ局長の意向をいれて、外出の制限をゆるめたり、前借金の利子を廃したりと、工夫を凝らした規則を内務省へ提出したのである。

筆者はわが目を疑って、くりかえし当時の県公報誌上の改正規則を読みかえす。たしかに娼妓年齢は、一四歳へと引下げてある。しかも同じ日に公布した県の「料理屋飲食店貸席営業取締規則」では、酌婦年齢を、逆に、一四歳から一六歳へと引上げてある。これは池見会長が要求してきた、貸座敷業者の営業権守護のための改正になっているのである。これまでの内務省令の娼妓規則は、娼妓の年齢が一八歳以上であった。それは国際連盟の主張する、売買禁止のための保護年齢の二一歳に抵触するので、その点をもふくめた改正案の提出要件だった。これにたいして福岡県では娼妓認可を一四歳に引下げ、一方では酌婦年齢を一六歳へと引上げることで、見事に業者の主張を地方行政下で実現したのである。「売春王国万歳」という叫びと哄笑が聞こえてくる。

「池見氏の尽力に依り」という県警の新聞発表は、単なる会長への配慮ではないのだった。また「売春王国」との県民の自称も、単に風俗謳歌ではないのだった。世界の主要国が国際連盟を結成して、その第一回総会で女性の売買を禁ずる条項を採択し、保護年齢を二一歳として、その批准を日本政府へ要求している最中のことである。地元では菊竹六皷が連盟案をわが国も留保なしに批准するように、と新聞の論説で述べているときに、この規則発表である。

内務省での会議に参加して帰県した折の、福岡県警察部長の談話がよみがえる。彼は博多駅に妻子同伴で汽車から降りると、会議ではことさらの案件は何も出なかった、と語っていた(「福岡日日新聞」大正一五年五月一三日付)。

内務省に各県の改正案が出揃った直後、九月九日に池見会長は東京で業者の臨時大会を催すべく、召集した。そして、同大会で演説した。今回の内務省の要求は、各県毎に公娼制度の廃止を求めたもので、公娼制を解体させるための布石である。われわれは貧民階級に金を貸してその家族制度を維持すべく日夜努力しているにもかかわらず、政府は著しく娼妓優遇に偏っている、と露骨に政府を攻撃し、遂に演説中止をうけた。会場は大混乱となり会長は検束された。

しかし大会は宣言文を朗読して第一日を終えた。宣言は「名を改善に藉り廃娼の実を行わんとするもの」として、営業権の自由を主張したのだった（「福岡日日新聞」大正一五年九月九日付）。

この規則改正を機会に、埼玉、福井、福島、秋田などの諸県は廃娼を決議した。他の県も規則を改め、内容に開きが出た。池見会長ほか八名は翌日村松警保局長を訪ね、規則の不統一を非難し、内務省の基本方針は存娼廃娼いずれにあるかを問うた。

局長は、現在の法制下で娼妓待遇を改善すべしと訓示した結果、各県が改正したもので、報告をみる限り無理なものはない。存娼廃娼はいずれとも答えるわけにはいかないが、現在公娼が認可されている以上、業者が営業不能となる取締りをする意図はない、と応じた（「福岡日日新聞」大正一五年九月一一日付）。

一〇月六日夜、新柳町の高砂楼の娼妓三〇名全員が、待遇改善を求めて娼妓部屋にこもり罷業した。同じく月見楼の九名全員も帳場への反感から罷業した。

3　乳幼児死亡率と子育て

「家のために子を産む性」と「男一般のために性交しつつ産まない性」

国際連盟の働きかけや、廃娼運動家のたたかいによって、公娼制度下の女たちの身柄拘束は「売春王国」は別として、各県ごとにかなりゆるやかなものとなった。娼妓たちの公休や、小遣い銭の所有などという規則改正は、娼妓を性の奴隷身分に固定させようとする業者や、それを当然視する一般的な観念に風穴をあけるものだった。廃娼は無理だが、時代に対応して娼妓身分を娼妓職として取りあつかおう、という態度である。

それは女たちを家制度下の女と、公娼制度下の女に二分し、前者は家のために子を産む性、後者は男一般のために性交しつつ産まない性としていた男中心の性観念を、後者の女も前者へ個別にもどれるものへと、一本化しようとするものといえた。政府および識者の基本姿勢が、先進諸国の反応に対応しながらなお家制度維持へと整いつつあることをうかがわせる。

というのも社会全般の近代化が民法が定めた家父長的家制度で律しかねる状況を呈し、人権の尊重が次第に人びとに浸透、婦人参政権運動も活性化してきていた。現行の制限選挙を改めて、すべての成人男子に選挙権を与える普通選挙法の実施も時間の問題めいている。大正八（一九一九）年政府に臨時法制審議会が設けられ、民法の再検討に入っているが、こうした社会の動きがその討議に反映した。そして民法をより「我国古来ノ淳風美俗ニ副」うものへと保守化せんとする立場と、法を現実の実態に則した近代的なものへと改正しようとする進歩派とに分かれて検討が重ねられていた。

福岡県でも親族編に関する改正要綱案がしばしば新聞で報ぜられた。離婚原因における妻の不平等の改善などは、家事審判所の新設によって調停されるようになった。改正民法が制定されることを、両派ともに願い、新聞は折にふれて報道する。

こうした社会の基本的な変化が、二分された女たちの現実を部分的に近づけていた。とはいえ「家」の中の女が娼婦を自分たちと同じレベルでとらえていたわけではない。他家へ嫁して戸主権下で無事に家督相続人としての子を産んだ女も、嫁身分の間は婚家の稼ぎ人にすぎない。家事は仕事の内に入らず、家業の農業や商業の労働力として、家風に従った。嫁は授乳の間、田のあぜ道の草に腰をおろすのがせいいっぱいというのが一般だった。授乳以外にわが子の世話をする折は極めて少ないのである。

一般に乳幼児は姑が世話した。あるいは乳母にあずけた。歩けるようになれば、村の共有意識のもとで、子守り役の老女や子供仲間の年長児らの視野の内で育った。「家」は育てる場ではなく、戸主権を中心にした労働の現場だった。

「育児」とか「保育」とかという子供の養育の場としての家庭が、家や社会で意識されだしたのは、大正後期である。それも乳幼児の死亡率の高さが、西欧諸国から指摘されて政治問題化してからだった。ましてや、産んだ女が生まれた子を「家」の中で、子供中心に育てるのを当然視する意識は、「家」の中の戸主中心主義が弱化した第二次世界大戦後の、新しい風潮である。家制度に反対する少数の知識層の中には、たとえば安部磯雄著『子供本位の家庭』が大正六（一九一七）年に刊行されたように、子育て中心の家庭を考える人もいたが、一般には家制度が否定された太平洋戦争後のことになる。親世代による子育ての尊重へと社会全般を持ちこむには、公娼の認可で維持される家制度を、男女平等の性関係を基礎とする社会へと、重心を移行させ、女性および子供の人権を社会が承認するほかにない。

乳幼児死亡率が福岡県で最高潮に達したのは大正七（一九一八）年である。自然増加率も激減した。出生児一、〇〇〇人につき明治三五年の乳児死亡数は一四八・九人だった。大正五年が一五七・三人、七年は一九七・〇人である。

これにたいしてさまざまな手が打たれた。内務省では大正一一年に年間三〇万人に達する全国乳児死亡を防ぐべく対策を立て、講演会を開いた。県でも一二（一九二三）年一月、九大教授その他の講義や、活動写真の公開を催して啓蒙をはじめた。

次の聞き取りはその当時子守り奉公に出ていた遠賀郡の少女の話である。

「わたしは上から五番目、下から六番目に生まれたとばい。わたしの上三人は子供の頃死んで、一番上の兄の次がわたし。けれどこの兄がスカブラ（怠け者）で仕事に出ん。親父も、どっちかといや遊び手で、仕事が好かん。子は多いしね。わたしは七つの歳から弟を負うて守りした。

母は明治一二年生まれ。三つおきに子がでけてね、昔は堕すことがでけんだったから、七つ八つの子の働きで米買うたりしたと。学校に行きたかったね。わたしゃ、学校はよくできよったとばい。時々しか行かれんだったけど。七つの歳から弟を負うて、ガラ（石炭の燃えかす。燃料として煮炊きや暖房に使う）拾うのが仕事だった。石炭ガラ買う金もないから。

けどね、食われんものだから、学校は一一でおろされてしもうた。百姓屋の子守りにやらされたと。年期は三年だった。

わたしゃ、こげな気性だから子守りに行っても、へえこらしてはいないよ。年がら年中児を負うて、いいたい放題いって、ごりょん（奥さん）に叱られても平気で大きな声で、にくたれ口ききよったばい。けど、恥も腹いっぱいかいた。炭坑生まれで百姓のことはなんも知らんから。わたしは百姓仕事はできんから、昼も夜も児負うとる。それでも自分の家にいるより、気が楽じゃった。

夕方になっても百姓仕事はなかなか終らん。昼は一日中、遊びに出とるが、夕方になったら児負うて百姓仕事のまわりをうろうろしよる。縁に腰かけて野菜を揃えよるのを見よって、眠ってしもうて、児負うたまま縁から庭へころげ落ちたりしよった。

ようやく三年の年期があけて、一四になった。おとうさんが迎えに来なったばい。そして一四の歳から坑内にさがった。数えの一四ばい」（『まっくら』）

子守り学校というのが福岡市その他にできて赤ん坊を負うた少年少女が通ったが、つづかなかった。

企業の利益を増やすために設置された託児所

乳幼児の死亡を防ぐのは、個人や地域の生活全般にわたる意識の改善と、生活の近代化が必要だった。国際労働機関が第一回総会（大正八・一九一九年）で母性保護および女性の夜業禁止を採択して以来、日本の女子および母子をめぐる諸問題のおくれは国際的な批判をうけた。内務省では九（一九二〇）年に社会局を設けて育児の社会化に着手、公共託児所の設置をはじめた。

福岡県は炭坑に鉱業所が設置した託児所があった。坑内の仕事は夫婦単位で行われていたからで、独身者どうしの一組もあり、女たちはスラに積んだ石炭を四つん這いになって狭い坑道を本坑道の炭車場まで運び、炭車に積みかえてレールの上を地上まで押し上げていた。地下坑道の山坂が多いところは、テボに担って杖をつきつつ運んだ。男たちはツルハシで寝掘りをした。寝たまま坑道を開き、石炭を掘り出すのである。そして少しずつ掘り広げては坑木を夫婦で入れて天井の落盤を支えた。十数時間の労働である。昼と夜のべんとう持参。幼児は託児所で一括あずかりか、その施設のない炭坑では近所の老女にあずけて朝早く坑内へ降りて行った。

炭坑の託児所は母性保護のためでもなく、乳幼児保育のためでもない。出炭計画の達成手段だった。次の聞き取りは筑豊の山田にある三菱鉱業所の託児所で、日露戦争直後の好景気のときのこと。六日つづけて入坑すると、あがり銭が七〇銭もらえたころの様子である。

「あたしは赤んぼ産んで四〇日してさがりよった。赤んぼは会社が、ミルクで育てるたい。金はうちどん（わたしたち）が払うとばい。ばあさんがやとってある。ずらっとぶらんこが並んでね、ばあさんがミルク乳のませて、そのかごにいれてがぶろうが（ゆさぶるでしょうが）、育たんたい。立派な子がでけんたい」（『まっくら』）

農村の田植えの季節は人手が足りない。県の内務部では各郡市町村長宛に通達を出して、農繁期の児童保護所の設置をはかるように伝えた。小学校も休みとなって田植えを手伝うので、同保護所には小学一年以下四、五歳までをあずかるとした。大正一三年七月のことである。県下九カ所に小学校や寺などを利用して農繁期児童保護所ができた。その中の五カ所は農村生活改善運動に熱心な婦人会のある築上郡の村だった（「福岡日日新聞」大正一三年七月二九日）。

しかし児童保護所では乳幼児はあずからない。一一年に遠賀郡の村で田植え時の託児所を設けたことがあるが、つづいていない。同一一年に県の社会事業として、九月一日現在の託児所調査があったが、総数二七であった。公立は二カ所。その一つ戸畑町託児所は八月にできたばかり。門司にはセメント会社支店が私立保育所をひらいて工場外の幼児も受けつけた。他は小倉の永照寺、門司の仏教婦人会など。久留米、大牟田では鐘紡が経営。他は各鉱業所が坑夫の乳幼児をあずかった。在籍児の総数二、六一五人。設備も数も福岡県が日本一であった（「門司新報」大正一一年一一月一五日）。

県では乳幼児死亡率を下げるべく、乳児検診を定着させる方法として、一二年五月から福岡日日新聞社主催の赤ん坊大会を、九州帝国大学小児科教室ではじめた。国では母性保護に関する法案の検討にとりくんだ。一四（一九二五）年五月、内務省社会局では同法案を法務局へ渡した。

これに関して全国社会事業大会が開かれた。そして、胎児、乳児、幼児、学童、貧困児、労働少年少女、被虐待児等の保護が協議され、特に児童保護局の新設と、私生児・庶子の呼称の廃止が求められ、内務省への建議が決められたのだった。以来戸籍上に私生児・庶子の呼称は残ったが、そして家制度上の諸権利になお右の分別は持続されたが、子の教育の上からは次第に「家」の跡継ぎ中心の序列的な子育ては薄れる傾向に向かった。そして昭和二（一九二七）年の五月五日を期し、全国一斉に乳幼児保護デーが決定した。

県下では海上生活者の産院の開設や無料産院設立が始まった。乳幼児死亡率を低下させるには、まず何よりも、婚家先で孤立している嫁が、子産み子育てにたいして主体的に参加できることが必要だった。出産に関するケガレ観と家事蔑視観の是正。無給労働力視している嫁の人権を認め、その諸労働を近代化し合理化して、保育時間と休養時間を与えること。

台所の改良運動は嫁の立場からはその主張が困難な、炊事場の再検討運動だった。「台所頼《たの》母子《もし》講。農村生活改善の第一歩。婦人会の思い立ちで築上郡角田村で実行」と、「福岡日日新聞」が一三年六月二三日に報じた。同婦人会では九年五月から一〇年間の計画で村の台所のすべてを改善することにして実行していた。財源は婦人会の台所頼母子講である。

各集落ごとに講をこしらえ、婦人会が副業をすすめて一戸当たり月一円から一円五〇銭を出し合った。落札者から順に改善して四年目、すでに一〇五戸が改造した。婦人会本部が通風採光をはじめ、家事労働にたいする理想的設計図を示し、相談に応じた。

従来の台所は荒壁の上部に小窓が一つ、採光、通風、水吐けがわるく、蝿が湧く土間での下駄ばき作業だった。煙突のないかまどの前にしゃがんで火を焚く。その不健康さと不合理さが、村のすべての人の意識下に入り出した。かまどの改良は家の伝統を乱すとみられたが、台所改善は農村生活の全般にわたって予想外の効果をあげた。

築上郡黒土村でも一〇年より着手。一五年には全村五七一戸のうち六割が改善した。かまどを全村の家で煙突のある西洋かまどに替え、土間をセメント、壁にガラス窓をとりつけた。嫁の仕事場に金をかけることへの婚家の抵抗を、女たちは女どうしの副業で金を貯めつつのりこえた。

これらを参考にして昭和二年、県は「台所改善ニ関スル件」を各町村長へ通達し、『福岡県農村台所改善ノ実際』という小冊子の一括注文を求めた。こうした地道で根源的な生活改良を踏まえて、県下の一、〇〇〇人当たりの乳児死亡率は昭和五年一三二・五に低下した。

昭和初期の出産について宗像郡の明治三四年生まれの女性は次のように語った。

「昭和二年に長女を産んだときゃ産婆さんな、おサヨさん。小柄な年寄りで、トコトコあゆんでどこさへでん行きござった。その弟子さんな、自転車。わたしゃ実家《さと》で子産んで、一〇日目におとうさんから笹の葉と塩もろうて、近くの小川へ行ったばい。川の水に笹の葉の先つけて、塩といっしょに五体に水ふりかけた。一人で。清めてこんの、ておとうさんが言わしたけん。

産後はおかゆごはんに梅干しだけ。家のよかとこはおかゆに味噌漬のついとるげな、ていいよった。子の多かとこは産んで三日目に、庭のサツマイモ干したとば取りいれござった。『まー、おうちはヤヤが生まれたて聞いたが、何してござると』て、たまがって声かけたばい。その人な、『おっとい嫁じょ』じゃった。風呂帰りに、風呂敷かぶせて青年団の人らの（人たちが）かたげてきて嫁さんにしたと。妾と本妻さんといっしょに住んでござるとこもあったばい。仲良う暮らしござったばい」

この聞き取りをした宗像郡内の村も台所改善講習会を昭和初期に行った。しかしほどなく満州事変となり、「増産は婦人から」の呼び声に呼応して、台所の改善を、台所の国防というスローガンにかえるよう要求されたのだった。

ちぐはぐな産休

大正八（一九一九）年に国際労働機関が設立され、第一回総会で「母性保護ならびに女性の夜業禁止」の両条約を採択したことは、多くの問題を女たちの労働の場におよぼした。外務省は産前産後における女性保護に関する準備委員会を設けた。そして国際条約案の基礎として次の原則を提議することとした。一、産後四週間は工場又は作業場での使用禁止。二、産前産後の休みは合計六週間を越えぬこと。

県下では炭坑の女子労働の夜間禁止が大きな問題となった。大正九年現在一六万九〇〇〇余人の炭坑労働者中、五万四〇〇〇余人が女子労働者である。坑主側は禁止は不可能と主張し、坑夫たちは生活費の減額を憂いた。同年一一月鉱業法の改正案が出され、「婦人に対し午後一〇時より、午前五時に至る八時間を含む一一時間の休息を与うべし」との項目がいれられ問題となった。女子教員の産前産後の休養案は、男子教員の六週間にわたる現役兵応召と同様に、欠勤あつかいにしないのが妥当か否か、当局が検討をはじめた。

福岡県では女子教員の産休は、産前一〇日、産後八〇日としたが、これにたいして九〇日間の休養の権利が出産者にはあるという解釈をしてはならぬ、とした。能力ある女子教員でも「一度子持ちになればその程度著しく低下する。これは女子教員にかぎらず、すべての職業婦人を通じた事実である」という。県下の多数の工場や炭坑の女子労働者は産後休養五〇日間とし、三〇日を過ぎれば医師の診断によって労働し得ることとした。休養中は無給である。以上のごとき県当局の意見を一〇年九月二〇日、協議会後に発表した(「福岡日日新聞」大正一〇年九月二二日)。

そして一二年の「婦人及少年労役者保護法」改正で、女性入坑禁止が決まった。坑主は、労働者がすべて男子となると賃金面で大問題、とくりかえした(「門司新報」大正一二年五月二日付。「福岡日日新聞」大正一三年六月六日、一三日付)。女坑夫たちは副業を探さねばならなくなった。三池鉱業所はミシンによる労働着の製造をはじめた。

先に炭坑の託児所に子をあずけて働きに出た女坑夫の聞き取りでは、産後四〇日で職場にもどっていた。彼女は女の入坑禁止を次のように語っている。

「炭坑には幼稚園もあった。ほうからかしじゃ(放ったままだ)。学校行かんとは全部じゃ。育たんたい。立派な人間がでけんたい。そいで女が坑内にさがられんごとになったと。炭坑育ちは兵隊検査ではねらるるもんが多か。役立たんけんいうて、女が子を育てるごとなったたい。よか兵隊がいるもんじゃからの。炭坑で育った子はみないかん。ろくなふうに太らんたい。食うもんは百姓よかいいばっての。ちょっと使い走りができるごとなれば学校いかんで坑内さがる。それで体も何もできそこなうの」（『まっくら』）

乳児期から昼も夜もあずけられた子は兵隊として役立たないから、女は坑内に入れなくなったのだと、日露戦争後も第一次世界大戦や満州事変、シナ事変と生きてきた老女は信じ、地上で働きつつ子を養ったのだった。

女子の入坑禁止は厳守されることなく、その後また解禁となった。

次の聞き取りは筑豊四郡にひろがっていた炭坑地域における、明治末から昭和初期にかけての数人の女の、子育ての様子である。

「わたしがお産したのはな、大儀でならんでね、とうとう坑内の仕事を休んだら、その日から腹がせいて次の日に生まれたとばい。あの日休まずにおりゃ坑内で産んだことになったとたいな。坑内で産む者もあったとばい。そのときは医者や看護婦が入ってくれるたいね。事務所から産着やら祝いやらくれてじゃ。坑内はひとがふえるところじゃなかけんの、めでたいことじゃけん、みんなで祝うてやってじゃね」

「坑内で流産する者も多いですねえ。なにしろ傾斜のひどいところを荷をかついでのぼり降りしますから。わたしも二回流産しました。いいえ別に休むということもないですねえ。綿とか晒《さらし》とか持っているものはいやしません。赤ん坊が産まれたら、ボロになった着物にくるんどくんですから。流産すれば、わらじ（坑内の仕事にわらじをはく。はきつぶすので替えわらじを毎日二足ほど持って行く）でも新聞でもあるもんをつっこんどく、というのが普通です。そして変らんように働いとる。

子が生まれると個人の家になんぼか出して預けよりましたよ。子が育つあいだに親はなん回か、けつわったり（逃亡したり）、それを見つけだされて叩かれたりね。事務所の土間に坐らされている親のそばでぎゃんぎゃん泣きよります。母親にすがりつこうとするのを蹴ったりしていました。そして父親も母親もステッキで気絶するまで叩く。けつわりしよったから、みせしめにするということを片仮名で大きく書いて首にぶらさげてね、事務所の前に坐らせます。その横で泣きわめいたり気が遠くなったりする子どもがかわいそうで、とても見ておられません。見つけだされた者は仕方なしに働きよりました」

「恥を申さなりまっせんばってん、薬を買う金がありません。わたしは体がわるいけど我慢されるしこ（我慢されるかぎり）、我慢して坑内の仕事に行きよりました。おやじ（夫）はわたしが休むと休みますたい。それでなくても、一週に二つよこわな（休まないと）いかん人での。とうとうけつわったことがござす。子ども三人の手を握って、藪の中へ走りました。うすぐらくなっとりましたの。それから裏道はどんどん走りましたたい。見つかれば、しうちがむごいですけんの。暗くなってしもうた。子どもはもう走りきらんですたい。このあたりなら、もうよかろうと思いましたから、そのあたりの農家へ行きましたたい。

どこでんよござんすけん、一晩泊めてつかあさい。

泊めるこたでけん。

子どもがおりますけん、その土間のすみでよござす。寒いときですけん、すみませんばってん、家の中へいれてつかあさい。

土間でもどこでもでけん。出ていかんの。そういうて戸ば閉めましたたい。いま思うても涙のでます」

「子どもを負ぶってさがりよったが、あんなひどいことしてよう生きとると思うばい。実函《みばこ》（石炭をいれた炭車）押すときは子を負うて坑内のレールの上を何百間と押していく。帰りは空《から》函《ばこ》をあっちまげこっちまげしてまた引いてくる。子は板木のうえへおろして石炭をスラ（石炭を運ぶ箱）に積みこむ。子が少し大きくなりゃメゴ（籠）にいれて垂木にさげてやったりの。時々、乳を飲ませてね。坐るごとなりゃ、ショウケにいれて遊ばせとく。けど、這い出してねえ……」

「子どもをかもうてやれんから、それがいちばんつらかなあ。なんがうれしいというて、あんた、仕事がすんであがるとき、とおく、上んほうに坑口の灯がぽつんと見えるとこまであがってくるとな、もう、うれしくて。子どもに逢える！　子どもに逢える！　と思ったなあ。ほんとに、あんた、こんなに細《こも》う、ぽつんと、見上げるごたる上んほうに見えるとですばい。あがって見るともう夜になっとってねえ。子どもが坑口まで迎えにきとることもあったねえ。

わしらおなごは、朝二時に起きるとばい。そーっと、音のせんように、下駄は音がしてつまらんから、藁ぞうりを履いてな、そして火を焚きよったよ。くど（かまど）といっても一斗ガンガンばい。レンガを敷いて一斗ガンガンを据えて、それに石（石炭）を焚いて釜をのせるとじゃ。ごはんができたら、まあだ暗いとに、眠っとる子ば起こしてな。かわいそうに、目をこすりこすりぐるず子を叱りとばしてばい。べんとうつめて預けに行く。道はまだ暗かけんなあ、子どもはあと追いして泣くしの。一日八銭で昼も夜も預ってくれよったが。けどなあ、坑内さがるときは思いよったあ。またあの子に逢えるじゃろうか、帰って抱いてやれるじゃろうか、もうあの子は母親を亡くすとじゃなかろうか、抱いてもらえん子になるとじゃなかろうか、と思わん日はいちんちもなかったなあ」(『まっくら』)

4　籠の鳥解放令

売春王国の実態

売春王国である福岡県の「貸座敷娼妓取締規則」は先にふれたように、大正一五(一九二六)年八月二五日、県公報の号外で公布された。

政府の公娼認可年齢は満一八歳以上である。植民地は朝鮮一七歳、台湾一六歳。しかし国際連盟が採択した保護年齢は二一歳。日本はこれにたいして、植民地は例外とし国内は一八歳に引き下げるという留保をつけて、条約に調印した。日本政府は「日本は、今尚、世界的常識を常識とする程度までにその文化が進んで居りませぬ」と恥ずかしげもなく告げていた(高島米峰「公娼制度を論じて婦女禁売に及ぶ」)。

一方、貸座敷業者の営業権守護の全国大会で池見会長は、娼妓年齢の一六歳への引下げを再三提案していた。彼は活動地盤である福岡県では行政や警察を動かして、県独自の娼妓規則を業者の有利へと変更させ、娼妓年齢を一四歳へと引下げさせたのだった。

同じ日に県が公布した福岡県の「料理屋飲食店貸席営業取締規則」では、酌婦年齢をそれまでの一四歳から一六歳以上へと変更させた。こうして池見会長の公娼制守護による三等料理屋対策は、地元福岡県の規則では見事実現したのである。内務省が娼妓の自由を中心として地方行政にその対策を求めたのにたいして、県はこのような対応をとり、一方で福岡市のカフェやバーの女給たちは、「貞操擁護」のために廃娼反対の集りをした(「福岡日日新聞」大正一五年一一月四日)。

こうした世相を背に、福岡市の地蔵松原で戸畑の大工二二歳と小倉の娼妓一九歳が心中した。このように娼妓たちの現実は一向に改善されなかった。廃娼同志会や廓清会、矯風会の廃娼運動は福岡でも行われ、全国的にも高まっていた。それでも県下の遊廓は若い妓を加えて「驚くべき繁昌ぶり」と報道される。

「売春王国」と男たちは誇った。買春王国というべきだが、女が売りたがるのだと解釈されつづけた。

福岡県はこうした状況だった。しかしこのとき廃娼を県会が決議した県もあって、埼玉、福井、福島、秋田などは公娼制を廃止へ向かわせるべく決議した。政府は国際連盟が採択した

「女性及児童ノ売買禁止ニ関スル国際条約」の調印を、保護年齢を二一歳から一八歳へ引下げることと、植民地は適用外とするという留保条件をつけて行っていたが、国の内外で条件なしの調印が求められ、ことに国内の運動が高まった。政府は昭和二（一九二七）年二月九日、ついに年齢に関する留保だけは取り消した。植民地は適用外とするという条件は残したままである。つまり植民地での女性や子供の人身売買は禁止しない立場に立って、右条約の調印国となった。この立場は当時、朝鮮や台湾で現地の女や子供や日本内地から選ばれた娘たちが売買されていたのを、「文化がまだそこまで発展していない」ので、他の近代国同様に禁ずるわけにはいかないとしたのである。そしてそのあと一〇年で日本は中国と戦争を始めたことになる。戦場への従軍慰安婦を国内から連れ出していたが、まかないきれなくなり、朝鮮や台湾その他現地からも強制連行することになる。

一方、「売春王国」福岡県では政府が国際連盟にたいして年齢条件を撤回して批准した昭和二年に、娼妓たちの状況は次のようになっていた。

七月末の娼妓数二、〇七八人。貸座敷数二〇八戸。

この娼妓が二年の一月から七月末までの間に花柳病で休業した数は一、六七四人。これは延人数だが登録娼妓の半数以上が同病で休業した勘定になる。同じく一月から七月末までに妊娠による休業が二四人。堕胎状況は資料がない。県の「娼妓規則」では、第三一条「娼妓ハ妊娠六月後、分娩後二ケ月間ハ稼業ヲ為スコトヲ得ズ」とした。二年の一月から七月までの死亡娼妓は一六人。逃亡者は一七一人。

連続した肉体労働が娼妓たちに、いかに苛酷な消耗を強いているかがうかがえる。

これら娼妓の同年八月二〇日当日の情況は、妊娠分娩による休業者一二人、花柳病で営業不能の者一〇二人、逃走中の者一四二人、その他の事情による休業者が一五八人いた。二、〇七八人の娼妓のうち、四一四人が八月二〇日の夜は休業していたことになる。休業率二・五％（「福岡日日新聞」昭和二年九月六日付）。

娼妓たちはよほどのことでないかぎり、病中でも座敷へ出されていたから、稼業中といえども健康であったとはいいがたい。半年の間に、二、〇七八人中一六人が死亡しているのである。この昭和二年度の遊客数は四三万九、〇四〇人であった。遊興費は三〇〇万二、九一六円三八銭。公娼年齢を一四歳と県規則に改めさせた池見は、新柳町の自分の二軒の娼楼では当然のこと、これら少女を働かせたことだろう。

この年の三月に県では酌婦税を制定した。「酌婦税ハ料理屋、飲食店、貸席等ニ於テ配膳又ハ酌取等ヲ為シ、又ハ主トシテ客ニ応接スル婦女」の税とし、七円八〇銭から四円二〇銭までを地域に応じて定めた。これも池見会長たちの公娼制からの要求である。そして四月四日には花柳病予防法が政府より公布された。罹病者の営業は処罰されることになった。しかし花柳病媒介者である男についての法規はこのときも設けられなかった。そして無免許の売春地域である料理屋街の酌婦や、旅館、待合、茶屋などの雇女は週一回の強制検診、芸妓と女給は月一回の強制検診が義務づけられた。貸座敷地区の娼妓は五日に一度の健診となった。福岡県では警察署長会議で公娼のサック使用を決めたが有名無実。

この予防法公布とともに埼玉、福井両県は公娼制度廃止をふたたび県会が決め、福島県会にもその気運が生じていた。しかし福岡県は「予想を越す稼ぎ高」の繁昌ぶりであった。娼妓の数の増加はおさえられていたから、いきおい娼妓たちは疲労した。病娼の自殺、娼妓同士の心中、客との情死がつづいた。

三等料理屋街は県下の各市内をはじめとして、福岡市外の千代町、姪浜町。そして筑後の三川町、柳河町、三橋町、大川町、羽犬塚町、福島町、吉井町、田主丸町、甘木町。筑前の二日市町、太宰府町、福間町、津屋崎町、折尾町。筑豊の直方町、飯塚町、勝野町、中間町、幸袋町、大隅町、金田町、伊田町、香春町、後藤寺町。豊前の添田町、企救町、行橋町、椎田町、宇島町その他の町村に軒を並べていた。ここに書き並べた町の酌婦は、「配膳や酌取、又ハ主トシテ客ニ応接スル婦女」として、次の町をのぞき「昭和二年度所属ノ徴税ヨリ」金五円四〇銭を徴収された。金七円八〇銭の税は福岡市、門司市、小倉市、若松市、八幡市、久留米市、大牟田市の市街地の各所に軒を並べている料理屋街と、先に列記した町の中の直方町と飯塚町の料理屋街の酌婦である。記載していない他の町村の酌婦は四円二〇銭の税を納め、すべての酌婦は前借金で拘束されつつ働いた。

これらの町の中で直方、飯塚をはじめ一二〜一三の町は石炭の町である。福岡市外の姪浜町も炭坑と漁業で開発された。門司や若松、大牟田や三川なども産炭地や石炭の積出港である。県下の労働人口の増加と、貸座敷業界の政治力と、暴力が相俟って、女の商品化はとどまるところを知らずといえた。こうした風潮が被植民地の朝鮮人の女たちへも及ぶのは当然のことだった。門司駅に常駐する旅館の客引きによって料理屋へ周旋された朝鮮人の女性が、署へ駆け込んだりした（「福岡日日新聞」昭和四年一一月三〇日）。

昭和四（一九二九）年二月大牟田市で県下の貸座敷業者が集会を開いた。今回の課題はカフェやバー対策だった。これら新興の西洋風風俗業に対抗すべく、貸座敷業も料理屋兼業で増収を計りたいということになり、池見会長ほか七名の役員が県に陳情した。同じころ長崎県の佐世保では娼妓および酌婦にサラリー制度を採用して、カフェやバーに職を求める風潮に対抗した。

五年四月熊本で九州貸座敷連合大会の席上、池見は関連事業多忙のため会長を辞任し、後任を推薦、決定した。全国的に自営権擁護運動を展開し、地元に王国を築いた池見は、地元貸座敷業界の相談役となった。彼は新柳町に二軒の娼楼と筑豊の町に三等料理屋を持つほかに醸造会社や蚕種会社、その他多くの企業を経営していた。また、いくつもの公職についていた。市会議員は四年四月で辞した。今後は実業に専念すると発表。

五年八月新柳町の恐喝横領事件が発覚した。同貸座敷納税組合書記長で、現職の市会議員の数万円におよぶ横領と、それを暴露記事とするとして恐喝した「東洋民報」新聞記者および柳町某楼主の事件である。当局の調査とともに県衛生課主任を包括する不正事件へと拡大した。娼妓揚代金の横領は昭和二年へとさかのぼり、納入すべき税の中からおよそ七万五、〇〇〇円を着服脱税していた。

娼妓の外出が自由になる

昭和八（一九三三）年五月二三日、久しく取沙汰されながら容易に公表に至らなかった内務省の公娼制に関する見解が、内務省令第一五号で「娼妓取締規則改正」として公布された。娼妓の外出制限の削除である。世間では「籠の鳥解放令」と称して、廃娼の前提だとさわいだ。娼妓外出が自由になったのである。明治となって公娼制度が定められて以来、はじめてだった。その他休日の設定、稼業年限四年、などと娼妓の身柄拘束の改正と、営業組合に収支計算を明らかにさせ、娼妓にたいして一カ月の稼ぎの一〇〇〇分の八に相当する金額を、毎月楼主の負担で小遣い銭として給与することが加えられた。

「籠の鳥解放令」にたいして、池見顧問以下一五名の役員が県保安課へ陳情。同時に内務省へ長文の電報を発した。「娼妓外泊の自由は業界の死活にかかわる大問題」と。県保安課は業者の陳情にたいし、内務省に照合して回答を受けた。

○所轄警察署ヨリ娼妓ニ対シ、貸座敷業者ニ口頭届出ヲナスヨウ口頭示達ヲナスコトハ不可ナリヤ。

（答）自由外出ニ対スル束縛トナリ改正ノ趣旨ニ反スルモノト思料セラルルノミナラズ、省令第十二条ノ規定ニモ添ワザルヲ以テ不可ナリ。

○所轄警察署ヨリ貸座敷営業者ニ対シ、帳簿ヲ作成セシメ、貸座敷営業者ヲシテ娼妓ノ外出ニ関スル必要事項ヲ記載シ置クヨウ口頭示達ヲナスハ不可ナリヤ。

（答）娼妓ノ自由ナル意思ヲ強制スルノミナラズ外出ヲ牽制シテソノ自由ヲ妨害スルコトトナル。

○今後ニ於テ省令第八条ノ違反行為ヲシバシバ敢行シ風俗ヲ紊スコトアリタルトキ、何等カノ届出ヲナサシメ之ニ依リテ弊害ヲ予防スベキ方法ヲ講ズルコトハ不可ナリヤ。

（答）弊害ヲ予防センガタメニ娼妓ノ自由ヲ束縛スルガ如キコトヲナスハ不可ナリ。今回ノ省令第七条第二項ノ削除ヲ以テ画期的改正タルコトニ着眼シ、姑息ナル取締方法ヲ講ゼザルヨウ注意セラレタシ。

○今回ノ改正ハ全ク自由解放ノ趣旨ナリヤ。

（答）然リ。（『福岡県警察史・昭和前篇』）

しかし業者たちはこの自由外出の通達には、外泊の件がふれられてないことに着目。外出とは用足しや散歩程度のもので、外泊には従前通りの手続きを要し、外出もその保護を禁ずるものではないと解釈した。県保安課では、この業者の解釈にたいして重ねて内務省に照会した。外出ノ字句ハ外泊ヲ含ム意ナリヤ、と。

業者の攻防の強さが如実にうかがえる。

内務省は全県にたいして、八年六月二日「娼妓ノ外泊ニ関スル件」を発し、外出には外泊を含むが、娼妓営業は貸座敷内に限る、と通達した。

国際連盟の活躍は人身売買を禁じ保護を加えることで、娼妓身分を一般職業の労働条件に多少近づけた。娼妓から他の職への転職の可能性へ接近させたといえる。それまでも県下ではぼつぼつと自由廃業届が出ていた。また待遇改善を求めて罷業する娼妓たちもいた。七(一九三二)年六月八日の夕方のこと、門司市馬場の娼妓三名がタクシーで福岡の署長官舎まで救いを求めてやってきたことがある。同年の四月に門司署に待遇改善を訴え出たが改まらず、この日の朝同じ楼の抱え芸妓の分娩にたいして、娼妓一同は祝儀を強要されて反発、八名全員が市中の旅館へ集まって話し合い、三名が代表して善処方を訴え出たのだった。

八年には若松の置屋で、見習芸妓一四歳が売淫を強制され、梅毒を感染させられて訴え出た。大牟田の娼妓一六名が、外出制限削除後の九月、罷業(この当時、遊里はストライキという表現を特殊な場合のみ使った)に入った。楼主交代に際してのトラブルだった。これは大牟田貸座敷組合の調停で解決した。娼妓たちは「籠の鳥解放令」によってかなり身軽になったのである。九年六月、福岡市須崎の三等料理屋街の酌婦一六五名を代表して、二人が警視庁を訪れ、同市の同業者半数の要望として、公娼を廃止し黙認集娼制への速やかな認可を陳情した。内務省がその意向であると地元紙がしばしば伝えていた。そして同年七月、内務省が娼妓を酌婦または従業婦と名称を変更し、貸座敷業を料理屋、または娯楽場と改称することを内定したと新聞が報じた(「門司新報」昭和九年七月一九日付)。

各地の貸座敷業者が公娼廃止後の転向法を熱心に研究していると伝えられた。そして数日後、池見新柳町顧問は従来の主張を一転させて、福岡市発展のための同業界の方向を語った。「遊廓はいずれ廃止される。しかし新柳町では業者たち一同は自分の方針についてきてくれるものと思う」として、今や旧式の業態となってきた同業界の新構想を発表した。明後年に福岡で催されることになった博覧会を契機に、新柳町を貸座敷地域から脱却させて、幅ひろい遊興地域へと変身させる独自案を固めた、というものであった。

末端には届かなかった「籠の鳥解放令」

「籠の鳥解放令」は三等料理屋街の酌婦にはとどかない。

酌婦をさかさ吊りにして水責めにする戸畑の料理屋の主人が捕らえられた。同じく大牟田の料理屋でも水責めが発覚した。

酌婦を転売すべく、料理屋に秘して柳行李に詰めて駅の荷送場に持ち込み、あやしまれて取押さえられた男。出産して死亡した酌婦。炭坑夫とダイナマイト心中した酌婦。梅毒の深化の末に虐待され、堪えかねて店に放火した酌婦。

なんとも残虐さはいっそう陰湿化した。貸座敷でも娼妓の自由廃業を予防して、鑑札をとりあげ、その写しを持たせる楼主が折々に発覚した。発病してなお稼がされて重体となった仲間への、献血を願い出た娼妓たちがいた。また、貧血のために死亡した娼妓が報じられた。

昭和九（一九三四）年は全国的に不況が深刻化した年である。娘の身売りがふえた。

福岡市だけでも一月から一一月までの間に、四〇〇余人が芸妓見習いとして前借金で身売りした。大多数が一二〜一三歳である。小学校卒業直前の者が置屋に入った。出身地は平戸、島原などの長崎県が六割、県下居住者が二割、残りが佐賀、熊本、大分であった（『福岡県警察史・昭和前篇』)。

福岡署では一〇年二月に市内の芸妓置屋に身売りした者の調査を行った。四つの券番で総数七三〇余人となっていた。少女らは小学校を退学したり、市内の小学校への転校を望んだりしていた。

酌婦の年期契約も九年は増加した。八年七月の酌婦数五、九九二名、九年九月には六、四七三名となった。

この酌婦の花柳病対策は強制検診のみで、治療は一向に進展しない。八年一二月の県会で一県議より、酌婦にたいして県営診療所の設置が提案された。しかし知事は「そのような非常なことはできない」と応じた。

娼妓の健康診療所は貸座敷地域にそれぞれ設置され、不十分ながら県予算が出されていた。酌婦は同じく売春業であり、しかも「花柳病予防法」を施行して強制検診をしながら、なお、酌婦のための治療設備は「非常識」の一言で片づける。こうした情況をみてもよくわかるが、「籠の鳥解放令」は公娼制度の一隅に身柄拘束は違反という一項を加えはしたが、しかしそれは性差別を公道とする社会での、雨だれの一滴にも値しないものだったのだ。

昭和八年、九年の県下では、審議中の民法の改正案をめぐって女の立場が折々に論ぜられた。たとえば、古過ぎるものの随一は我が民法における婦人の地位である。このままでは時代に合わず、子を責任もってしつけることもできない。ぜひとも改正が必要だ、というもの。あるいは、妻の能力制限は法律上の不公平ではない。日本の法律はわが国の家族制度維持のために制定されたものであり、その真髄を知って女は進んで法律上の無能力者となるべきだ、というものなど、意見はさまざまだが、ともかくも女の立場に論議が及ぶようになった。

とはいえそれもエリート層のこと、不況とともに売春がふえる。失業率が高くなった。全国の失業率の一位は東京で一五・〇%。第二位は福岡県で一二・〇%である。他県同様に県下に養育費目当の貰い子の多発や、貰い子殺しが発覚した。母子心中がみられた。

県は「要保護母子調査ノ件」を通達した。母子心中に関する対策の必要を婦人団体が政府に請願していたためである。

「十三歳以下ノ子ヲ養育スル母デ、貧困ノタメ生活スルコト能ワザル者」を調査した結果、福岡県では三、一三三人の母と、六、八二二人の子が要保護数に上った。調査を終えたがその対策は全く具体化しない。

ところで福岡県が以上の如く不況にあえいでいたころ、業者は国会議員に働きかけて、先の内務省警保局の指令でみたように、公娼制の内容は政府内の担当者の意向によって左右されたり、県の事情によっては公娼廃止を断行したりしているので、そうした変更の余地を残さぬよう、これを法律化すべく運動を始めた。保守党議員の大野伴睦らはこれを受けて、公娼制の法案の国会提出者および賛成者をつのった。そして一〇年三月一六日、提出者九四名、賛成者一五七名の名を連ねて、「娼妓取締法案」を第六七議会に提出したのである。

同法案には、娼妓の前借金や年期制を禁ずる条項は全くない。外出の自由も娼妓営業の期限もない。ただ一八歳以上という年齢制限と廃業手続きの自己申請が記してあるだけである。要は政治献金の高額な業者の営業守護であり、その意図が露骨な同法案は、審議未了となった。とはいえ、公娼制廃止の噂が流れる中で以上の如く存娼論は法制化を求めるほど強固だったのである。

5 昭和の嫁たち

法的に女性を支配する戸主

「昭和の子供」という表現は、前近代性を脱ぎ捨てた新時代への讃歌だった。義務教育も普及し都市の子らは洋服が日常着となった。県下の郡の婦人会が洋服のつくり方の講習会を開く。第一次世界大戦後にドイツ領の南洋群島が日本の委任統治地となったため、南洋へ渡ろうという南洋熱が大正後期から波及していた。また、かつて三国干渉で手離した中国大陸の山東半島も還付され、移住者がつづく。二度三度と山東出兵を経て満州事変となった。吉林を占領、上海に増兵して上海事変。昭和初期の国境地域は朝鮮半島の北端へとのびて、かつての国境地域の福岡県も故郷の廃屋めいた。

そして満州国建国宣言書の発布。日本が中国東北部につくりあげた、日本の国益のための国である。隣接の諸民族の抵抗は根強く、日本は世界諸国の批難の矢面に立った。けれども「皇国」である日本が東洋平和のためにアジアの民族を救う義務をもつのだと、満州国の政治、経済、情報その他の支配層指導層に日本人が赴任し、軍隊が駐留した。福岡県庁に満州に不足している「女中」の要請がきた。新生国の支配層の渡満にたいして労働層が追いつかないのである。

国内には家督をうけついだ長男家族が老父母や就学中の弟妹と暮らし、二男三男は大学を出て社会の主要な場に就職。やがて植民地や満州国や中国内の租界地へ転任して、使用人を置く単婚家庭をもつ。昭和初期には「家」をめぐってこうしたケースが増加していった。民法の改正を求める声は、保守と進歩に分かれた。いわば家督を継ぐ長男の立場と新世帯を持つサラリーマンの二、三男の立場に二分していったともいえる。ともに国益を軸にしていた。

かつての国境地域だった福岡県で、長男に嫁いだ女性がつぎのように語っている。

「わたしが昭和一〇年に嫁にきましたときは、もう田んぼばかりで。一軒だけ乳牛を置いてある牧場がありまして、あとは全部田んぼだったんです。今は福岡市の住宅地ですけど。そのころの農家の嫁はね、小遣いがね、クリームつけるだけだったですけど、そのクリーム代がもらわれないから、里歩きしたときに母からもらって……。

でもその母もお姑さんがお金すっかり握ってある。わたしの里もわたしが結婚したあとも、まだおばあちゃんがお金握って、サイフはおばあちゃんの采配ですもの。わたしは長女、六人兄弟の長女です。それで里へ行っても、母の実権はないんです。ないですけどね、それでも、母がね、こっそり父からもらってとっていたのを、わたしにこっそり渡してくれる。クリーム代って言って……。

嫁入りのとき鏡台もって行ってるけど、髪やら鏡の前で梳《す》きますでしょ、そうすると、鏡の前に坐ってから！　て、そりゃ、もう……、それこそ……。

わたしの結婚は、農家の長男の嫁なら、家もあるし田畠も広いから安心だとおばあちゃんが……。で、嫁入りしました。お舅《しゅうと》さん、そして姑《しゅうとめ》さん。その上のおばあちゃん。わたしのお姑さんのその上のお姑さんがおられました。サイフの実権はそのおばあちゃんが握ってありました。仕事もなんでもできる方で、家の中の何も彼も采配ふってありました。小姑も多いし。わたしは、はあ、もう何べん帰ろうかと……。生まれた子供のことなんか考えんかったです。ただつらくて、自分のことばっかり……。

でもね、里の母なんか、家族みんなに食べさせて、自分は台所に立ってかきこむようなことで……。わたしはおばあちゃんにかくして、こっそり母に食べものやりよったのです。弟が生まれたときは、母が、暮らしがきついのにまた産むのかと、小言を言われてね、かげで泣きよりました。かわいそうで、かわいそうで。弟は母がそんなふうに心配して産んどりますから乳が出んのですよ。それで、餅米をすって、おもゆに炊いて、わたしが守りしていました。母は畠仕事せないかんもんですから」

戸主のもとで女は法的に無力だった。けれども戸主の妻は県下ではシャモジを握ると称して、家計をまかされていた。嫁を迎えることを農家では稼ぎ手をもらうと言うように、他家からやってくる嫁はあくまでも「家」の労働力だった。また跡継ぎを産むべき産婦役である。そして世継ぎも育ち、嫁も家風に十分になじみ、「家」のハレの行事を習得し、姑が家事の采配をふるのに支障を覚えるころ、ようやくシャモジワタシとなった。それは戸主から長男への家督相続とともに行われることもあったが、また、戸主権は子の世代へと移っても、シャモジワタシは別という家庭も少なくなかった。

　県下では村によって嫁の収入と認める副業があり、放し飼いの鶏が産む卵だけは嫁が自由に子らへ食べさせてもよし、小遣いとして売ってもかまわぬときめている地区もある。また季節の野菜の一部を嫁の小遣い用として、ふれ売りの中から私用することを許している所などもある。しかし、それはいささかのゆとりのある地域だった。一般に、嫁のみならず娘もまた、田畠の稼ぎ人であり、女の副業による収入も私用をゆるされぬ立場に終止した。村の娘は二男か三男と結婚して、貧しくとも姑たちと別世帯で暮らすことを夢みた。田畠をわけてもらわなくとも、「家」の外で二人で稼げる時代となってきていた。これらにたいして「植民地は女の天国」と新聞が報じた。単婚家庭の始まりだった。

　次の嫁入り前の娘の仕事は、宗像郡の大正後期から昭和一四〜一五年ごろの様子である。県下の各地で養蚕が女たちの副業としてひろがっていた。麦畑が桑畑となり、桑の木の間に季節の野菜を植えた。

「春蚕《はるご》と初秋蚕《しょしゅうさん》と晩秋蚕《ばんしゅうさん》と年に三回蚕《かいこ》を飼いました。唯一の現金収入ですから。お前のきもんを買うてやるけん、て言われて高等科のころから手伝いました。いつも買うてもらえんずくですけどね。どこでも養蚕は女の仕事でしたね。わたしは長女ですから、母と二人で飼いました。春蚕はちょうど春のとりいれの盛りです。外も内も忙しい。卵からかえったばかりの蚕を、鳥の羽毛でそっと掃き立てて、小さな秤にかけてから「バラ」の上に移してやるとです。バラは竹で編んでであります。桑の若芽を蚕の成長にあわせてつんで、刻んで蚕に食べさせます。よう食べますよ、蚕は。時間をきめて何度もやります。養蚕室は火鉢であたためて板張に母とわたしとで交代で泊りこみます。

毎年五月二七日の海軍記念日ごろが蚕揚《あ》げのまっさかりで、夜も昼もないごとなります。蚕の体がすきとおりますもんね、繭を作るころ。そんな蚕を一匹ずつとって藁で編んだ繭棚にばらまきます。くっつくとキズモノになりますから気をつけて。蚕の棚が何段もあって、上の棚の蚕のフンで下の棚の繭を汚さんごと、新聞紙をひろげてやる。作りあげた繭は一つずつ取りはずして、手廻しのケバ取り機にかけよりました。そして念入りに選別するとです。そうしよるうちに田植え準備に手がいるごとなって、畝《うね》切りやら四角打ちやらと、母は田仕事が待っとるでしょうが。わたしがリヤカーに大きな桑籠にいれた繭をいくつも乗せて、しっかりしばって、そして川沿いの道を引いて行きよりました。これが高う売れたら、サッチ（きっと）、お前のきもん買うてやるけんて。こんどもだまされるて分っとっても、引いて行くもんのおらんとですから。

はじめは神湊に運んで行きよりましたが、のちには坂道越えて東郷まで。木の繁って暗い峠でしたよ。その坂がリヤカー引いて登れんとですよね。一五か六かになっとりましたでしょう

かね、それでも親を助けとるんだと思って。それだけですたいね、よろこびは」（宗像市・梅田シゲ子、一九九一年聞き取り）

宗像郡の海辺の村や島では嫁入り前の娘が農家に奉公する習慣があった。海女として著名な鐘崎からも近郊の農家へ出た。

「わたしの里は網方しとりました。屋号がイナリ屋ていいよりました。わたしははたちまで海に入らんで、他人のごはんを食べましたよ。農家に行きました。昔はみんな行きました。他人のごはん食べんとね、嫁さんに貰い手がないと言って。わたしは九年他人のごはん食べました。馬も使う、牛も使う、住み込みで。田もすきましたしね。わたしが一四の年に、高等科に行くので教科書買うとりました。そしたらあたしのじいちゃんが、おりゃお前の米食べにゃ死なれん、て言うて。絶対、農家に行って辛抱してこな、て言って。誰でん行きますとですから。その農家の給料が、米です。一俵の米はカマスに四斗入っとります。はじめて一四歳で行ったときゃ、一年で四俵もらいました。

そのころ網専門で、うちはカナギがとてもよくとれよりました。それを肥料に干して農家にやります。農家から米がどんどん入ります。それで、あたしの米はね、一年食べても残るから売ってこい、て言って。じいちゃんが、お前の米食べた、安堵して死なるる、てよろこんでくれて。

馴れるまでは他人の家はかなしいですよ。あちこちから雇いにみえます。商いする人がね、得意先に世話してね。わたしは一年に、六俵、一二俵とふえて、一九俵ちゅうとが一番多いときでした。河東《かとう》とかね、遠賀川《おんががわ》の広渡とかの農家に行きました。そして年のくれに馬に馬車つけて、米積んで帰って来ましたね。

そして、嫁入って、海女《あま》を習ったときは馴れん仕事でね、やっぱ海の底で一週間くらい泣きましたがね。姑さんじゃあるしね、あたしの親なら、耳が痛いなら上りゃいいたい、て言うてくれるけど、これがやっぱ他人やなあと思ってね。その時ゃ、そげ思いましたばって、今になりゃ、姑さんからよか仕事覚えさせてもろたな、て思いますばい」（玄海町本田力江、一九八七年聞き取り。森崎和江著『きのうから明日へ』葦書房）

こうした女たちによって、「家」は支えられた。幾人も子を産み、母としての無権利に泣きつつ身を粉にして働き、やがて長男に嫁を迎える。娘を嫁に出す。「そしたらわたしが入院して手術して。退院したあと、おばあちゃんが亡くなられましたもの。それからやっと、ほっとしてですね……。でも、もう時代は変っとりましたから」。

これら昭和初期の嫁たちが、それでも婦人会などで、伝統の村の寄合いや講の外にちいさな場を持ちはじめていたのだ。そして西洋かまどなどをとりいれてはハイカラ嫁と叱られ叱られ、ささやかな希望を支えに子を産んでいた。その昭和九（一九三四）年、満州事変も収まって庶民が一息いれていた県下に、「非常時」という表現が浮上した。そして福岡連隊区司令部によって、三月、婦人団体の軍事協力運動計画が発表されたのだった。七年に満州国は帝政を実施し、日本は国際連盟の中で孤立、ついに八年三月には国際連盟を脱退、国内の不況は深刻化していた。しかし満州事変前後の大陸への出兵や帰還さわぎはおさまっていたのだ。

同司令部の発表は、国家の非常時の折から、市町村単位に国防婦人会を組織し、それを県連合会に結集させて各種の運動に従事させるという「遠大な計画」だとのこと。さしあたって福岡連隊区では婦人会、処女会に広く軍事思想を普及させるべく準備工作を行う、とした（「福岡日日新聞」昭和九年三月三日付）。

国際連盟を脱退したことで女や子供の売買禁止条約からも日本は自由となっていた。

忍び寄る戦争の足音

福岡県下には福岡連隊区司令部のほかに、小倉連隊区司令部と久留米連隊区司令部がある。これらは行政区を越して山口県や佐賀県へもその管轄をひろげていた。九年三月の福岡連隊区司令部の、婦人団体軍事協力運動計画の発表は、小倉区久留米区の各司令部も追って本格的活動に入るだろうが、まず福岡連隊区が先鞭をつけるというものだった。

福岡連隊区司令部管下の町村は次の三市八郡である。福岡市、飯塚市、直方市、粕屋郡、宗像郡、筑紫郡、嘉穂郡、鞍手郡、朝倉郡、糸島郡、早良郡。それら市郡は福岡連隊区司令官のもと、「国防は台所から」を相言葉にして各種婦人団体へ呼びかけ、各町村や職場や婦人会、処女会で講演会や映画会などを催して準備委員会を結成、四九八団体内に国防婦人部を設置。昭和一〇（一九三五）年六月一二日に大日本国防婦人会福岡本部を結成した。

結成式が同日午後二時から福岡市の筥崎宮社頭で行われた。参加者一万五、〇〇〇人。福岡市内外からの申込会員は二〇〇万人であった（「福岡日日新聞」昭和一〇年六月四日、一三日付）。

そしてこれ以降福岡連隊を婦人団体や女学校生徒たちが見学させられる。軍旗を拝し、兵営の内を巡り、兵隊と同じ麦飯を食べ、午後は射撃の訓練を受ける。小倉連隊区管内では福岡区での国防婦人会の発会以前に、若松で率先して同婦人会若松支部の発会式を挙げた。九州各地に先行したもので、約一、〇〇〇名の会員により、九年八月に式典を催していた(「門司新報」昭和九年八月二日付)。

国防婦人会は昭和七(一九三二)年一月末に上海事変が発生したとき、大阪の防空献金運動をしていた人びとによって誕生した(藤井忠俊著『国防婦人会』岩波新書)。そして同年一〇月二四日、大阪国防婦人会員の尽力によって東京の白木屋ホールで大日本国防婦人会を設立。同会の趣意書・会則を発表した。カッポウ着に、会の名を染めたたすきをかけた会員など七〇〇人が出席。陸・海軍省関係者が列席した。彼らは会の指導を承諾していた。

この国防婦人会が地域の陸軍司令部の指令によって県下に結成されたのだった。久留米連隊区管下では一一年三月に発会式を挙げた。小倉連隊区の発会式は不明。そして一一年秋には県総合防空演習が各町村で行われた。「国防は台所から」「国防は婦人から」「銃後に備えて」等々のかけ声が、さまざまな場で使われ生活全般への浸透がはかられ出した。一〇年三月には福岡県のみならず、長崎、佐賀の三県下の女学生の工場動員演習もあり、家庭の女たちは戦地の兵士同様の飯盒《はんごう》炊事の訓練を受けた(「福岡日日新聞」昭和一〇年三月三一日付)。

県下の生活は平常通りであったが、農村生活改善運動は変質を求められた。台所の合理化、近代化をとおして、農業と家事に明けくれる女と子供に健康を与えようと、婦人会独自の運動を展開していたのを、司令部は「台所の国防化」へ向かわせた。県では農村女性の教育の一環として、農村花嫁教育施設を企画した。

これは地域の有志者の経営による家庭寮の設営である。トップを切って一〇年四月一日、嘉穂郡稲築村の村長が経営する家庭寮が女子青年団に設置された。一九歳以上の、女学校や補習学校の卒業生四〇名が入校した。舅に仕える道、裁縫、洗濯、漬物の漬け方などを他家へ住み込んで実習する。「家」に従属するすべを入嫁以前に体得させるのである。

県では九年五月に農繁期託児所三〇〇カ所突破を目標に、市町村、婦人会、処女会、宗教団体が主体となり、休校中の小学校教員が後援して、公会堂や小学校、神社などで開設することを求めた(「福岡日日新聞」昭和九年五月二五日付)。農家の幼児たちの安全が他の職業女性の手で守られるようになったのだが、さまざまな側面で女たちの日々が軍や行政によって統制を強められだした。都市の商家などの「女中」不足がしばしば問題となる。

陸軍では民法改正を独自の立場で研究していたが、一一(一九三六)年の秋、国民参政の実を挙げるべく、女にも選挙権を与えるべきという有力意見を発表した。

一方審議継続中の刑法改正委員会では、革新的条文の案件として、次の案を準備したと報じた。一、上司、監督、雇用主らがその地位を利用して未成年の子女をもてあそんだ場合は、五年以下の懲役。二、結婚や就職をえさに貞操を犯した場合は三年以下の懲役。

もとよりこれらは案にすぎない。それでもこれらの案件が一般へ向けて伝えられる程度になっていた。陸軍が報じた女の参政権案は、台所の国防化の強化であり、永い歳月にわたって婦人参政権運動を積みかさねている女性運動家たちの発想とは、立場を異にしている。

花柳病対策

九年の徴兵検査で福岡連隊区司令部管下の壮丁の花柳病患者が、昨年の二倍に達していた。前述したように福岡連隊区司令部管下の市郡は、福岡市、直方市、飯塚市、宗像郡、鞍手郡、筑紫郡、粕屋郡、嘉穂郡、朝倉郡、早良郡、糸島郡の三市八郡である。前年の性病の罹病率は一二・八%であったが、九年は二・四九%。特に福岡市は八年一・五二%であったが、九年には三・二六%に激増していた。直方町も〇・三四%から三・七六%の激増である。県衛生課では花柳病予防法第四条による代用診療所を各地に設置することにした。酌婦をはじめとした私娼を対象にした診療所である。県会で一県議より酌婦たちの県営診療所の設置が提案され、知事は「非常識」の一言ではねつけたが、その翌年、軍の指令でかくの如く変化した。

一方、娼妓以外の芸妓、酌婦、女給、水仕など接客業婦の雇用主に自衛手段として保健組合をつくることを求め、県では「保健組合規則」を九年一〇月一日施行した。花柳病伝染のおそれある者の抱え主または雇用主は、所轄警察署管内において保健組合を設置すべし、というものである。雇用主供出の保健金によって女たちの治療費は無料化する方針である。

しかし現実化は困難だった。売春黙認の集娼地域である三等料理屋では、各楼によって酌婦の稼ぎの分配も統一されてはいない。雇用主七分、酌婦三分であったり、六分四分であったりしている。保健金の雇用主負担の実現など夢幻に近いものがあった。

県衛生課が企画した代用診療所では芸妓、酌婦の性病の撲滅ははかれぬとあって、やっと酌婦や芸妓などの県営検診所の設置を県は企画した。一一年四月からはじまった徴兵検査の結果が好転していないことが、地元司令部より通達されたためである。

一一年入隊該当者中、即日帰郷を命ぜられた県下一九九人の病人の中で、花柳病患者は五五人におよんだ。県予算が計上され、徴兵適齢者の診療を主眼とした花柳病診療所を開設することにした。

この年の入営兵（一二月一日入営）は「満州派遣第一線勤務ニ服スル重大任務アル」ことが、内定していた。第一二師団軍医部留守部より県にたいして「殊ニ花柳病患者ハ入営前完全ナル治療ヲ施行セシムル外、例年ノ成績ニ依ルニ、入営直前ノ祝宴等ノ場合ニ於テ本病感染ノ機会ニ接シ、入営後旬日ナラズシテ発病シ、兵業ニ支障ヲ招来スル者、マタ少ナカラザル」故、この点の監察が要求された（社兵第六一八一号・昭和一一年一一月七日・入営兵ノ疾病治療ニ関スル件）。

この年の入営兵は入営後一カ月以内の発病者も加えて花柳病による除隊者は一四九名だと右師団軍医部は伝えた。県では直ちに各町村長へ通達して、入営前の感染への注意をはからせた。中国との開戦半月前のことである。

そして一二（一九三七）年七月七日、蘆溝橋《ろこうきょう》事件が起こった。中国北部の蘆溝橋で鉄道警備中の日本陸軍に、中国の軍隊が発砲したと伝えられた。「非常時」は流血の具体へと突入し、シナ事変と呼ばれた。国防婦人会が出征兵の見送りの主役となった。

第5章　軍国時代

1　資源としての人間

女買いに使われた天皇の命令という論理

余談にわたるが、昭和一二年三月福岡市内の老女が、亡夫の葬儀を終え、追善の仏事をすませ、遺産相続人に当たる一〇歳の孫に相続手続きをとったあと、亡夫の位牌の前に端座して殉死をとげているのを家人が発見した。夫への殉死を華々しく個人の居宅でとげた最後ではあるまいか。この四カ月後には中国と戦争となり、妻は「軍国の妻」、母は「軍国の母」として、家人を「お国のために死ぬように」と励まして前線へ発たせるべく指導された。

開戦の翌一三年五月八日、県達第九号「特殊料理屋営業取締要綱」が公布された。県の数年来の重要懸案であった三等料理屋の公娼化である。要綱の第一条に「所轄警察署長ハ風致上支障ナシト認ムル区域ニ特殊料理屋営業地ヲ指定スルコトヲ得」とした。が、特殊料理屋営業とは何か明記してない。

開戦前の一二年二月一七日の「福岡日日新聞」にこの要綱案について事前記事が出た。改革案には「幾多の英断的改善措置がとられ」「女性解放に向って」「積極的歩みをみせて」いる、と。「業者にとって多少不利な面があるとしても」、「全般的にみればやりよい新道であり」「三等料理屋に於ける〝性〟に関する問題を公娼のそれと同様視することは、表面上尚不可能な現状におかれているが、準公娼的な存在とし」、準公娼の増員を許可し、「公娼廃止実現の場合の備えをなすもの」である、と県方針を伝えた。

なんともまわりくどい表現である。「やりよい新道」とはどういうことか。「準公娼的」とは何か。一向にはっきりしない。地元福岡市でなお穏然とした政治力を持っている貸座敷業者への、配慮がにじみでている県発表であった。また、政府としては公娼を廃して、一律に黙認集娼制へ移行させるべく「籠の鳥解放令」前後から検討を重ねていた。

福岡県の三等料理屋の準公娼化は、特殊料理屋という名称変更はどうあれ、規則がようやく実態に近づいただけであり、「女性解放に向って」歩みよったとは、料理屋営業主のほしいまま な酌婦拘束を公娼規則に近づけたことを意味する。そして、この規則下で取締りはやりよくなったし、この準公娼化でもって軍からの要望である性病対策が容易になるはずであった。

戦時体制となって石炭は軍需物資となった。その増産と出征した坑夫の補充のために女坑夫が入坑し、朝鮮人が強制連行された。筑豊各地の準公娼街は炭坑夫の登楼に現金の必要はなく、キップ制となった。月末に鉱業所から各楼に女の揚げ代が支払われる。国は国際連盟を脱退し、はばかることなく軍の命令は天皇の命令という論理を女買いにも使った。性的慰安対策が容易になったのだった。

戦争は長期化の様相を呈してきた。

出征した男にかわってさまざまな職場に女性が進出。一四年一月から福岡の市電も女車掌を採用。同じころ市内の「女中」不足六〇〇人。同年五月乳幼児の検診実施計画が立てられた。

戦時下の女子労働の過重のため、乳幼児の体力が劣悪化していることが問題になったためである。「乳幼児ノ体位向上ヲ図リ、以テ人的資源ノ拡充強化ヲ期ス」との通達により、強制検診がはじまった。そして乳幼児の成育状況を甲乙丙に分類した。

同一四年には四人以上産んだ女の表彰が県で行われた。傷痍軍人のため各連隊区司令部に結婚相談所が設置された。個人主義的結婚観の否定、未婚者の一掃が民間でもはじまる。「大陸の花嫁養成」のための女子拓殖訓練所が全国各地に設けられた。県下では朝倉郡の朝倉実業学校内に設置され、一四年一〇月末に開所。花嫁候補者二六名が一カ月の訓練をうけて満蒙の開拓村へと旅立った。また南洋群島その他南方開拓士の結婚相手が求められ、南洋に渡っている開拓士の写真に陰膳をそえて、数組合同の結婚式を県がとりもった。

ところでこの年、県会は「花柳病対策」を議案とした。開戦以来幾度となく、「凱戦の勇士」への配慮もし、接客婦対策も行い、また厚生省予防課へ陳情して対策費の補助を願ってきた。検診の結果は一二年度は娼妓、酌婦よりも芸妓の性病の罹病率が高く、芸妓の一割近くが患者だった。そこで時局防疫対策として、県衛生課は厚生省の指令にもとづき、福岡と久留米に市立花柳病診療所を設置して、無料に近い料金で診療に応ずるべく企画した。

それでも翌一四年度の徴兵検査は、福岡県が全国一の罹病率だった。全壮丁の一・八％が感染。厚生省では公営の花柳病診療所の設置を指定してきた。福岡、門司、小倉、久留米の五カ所に明春四月までに実現するよう要請した。同診療所は国庫補助半額負担となった。

この年の県会の花柳病討議はこれらを背景にし、特殊料理屋の売春公認についての質疑も含んでいた。そして福岡県が地理上大陸への渡航基地となっているため、性病対策が困難を極める点が述べられたのだった。

大陸へ移住したり往来する県民は少なくない。それら往来者や帰還兵が大陸から性病を持ち帰る。そして家族や接客婦が罹病する。「大陸との関係上ますます蔓延の兆がある」ので、行政としては特殊営業者の対策に万全を期しているのだが、何分にも「花柳病を媒介する男子については法規がそこまで行っていない」ので、男にたいして直接検梅などの手が打てない。やむなく一四年からは兵隊検査年齢を三年早めて、さしあたり一八歳から予備検査をする。さらに兵隊検査時の花柳病治療を義務化して、兵力に支障が起こらぬよう期する。

以上のように県会は決議した。これまで幾度となく診療所新設は発表されつつ代診所などに終止していたのである。

ところで大正なかばから民法改正審議会で改正案が審議され、女たちが期待していた民法改正は、戦争の長期化によって一四年に中止となった。女性からの離婚請求権などは家事審判所設立による調停のための人事調停法の成立にとどまった。

一五（一九四〇）年五月「国民優生法」が公布され、翌一六年七月一日より施行となった。県では各市で国民優生展覧会を開いたあと、優生結婚相談所をそれらの市に設けることにした。「人的資源」の確保は長期戦下の急務となっていったのである。

この一五年には全国的に多くの催しが企画実行された。福岡県でも「紀元二千六百年記念全国児童愛護運動実施ニ関スル件」が県より通達され、「農漁村、産業地帯ノ母性並児童ノ保護」

および「児童ニ対スル栄養品並必需物資ノ補給」がはかられた。ちなみに紀元二千六百年記念とは、昭和一五年は第一代神武天皇による国家建立後二六〇〇年に当たる記念の年の意である。その記念に、「人的資源」に栄養品が補給された。

そして翌一六年一二月八日、日本軍はハワイ真珠湾急襲、マレー半島上陸を敢行し、米英に宣戦を布告した。

この年七月「国民優生法」施行。県下の優生手術該当者は内部調査で約一五〇人だと発表された。県衛生課に優生法専門職が増員された（「福岡日日新聞」昭和一六年七月一日付）。優生結婚相談所の開設を急いだ。「家族制度ノ確保ト国運ノ隆昌ニ資センガ為」に同年から「優良多子家庭表彰」が実施された。妊婦の血液検査が全国にさきがけてはじまった。

一七（一九四二）年一月厚生省次官を会長とし、陸海軍、外務、内務、文部省など一丸となって結婚報国懇話会が設立された。未婚をなくし、「適齢皆婚」へ向けて官民一致体制がつくられた。福岡市営結婚相談所は、県中央相談所となり、各市町村をはじめ、職場にも結婚奨励委員会がつくられ、相互に連係して未婚者調査にあたった。

そしてカード作成。四、〇〇〇人の委員が結婚斡旋に従事することになった。大陸の花嫁忌避にたいする改善運動、傷痍軍人にたいする認識の養成などと、未婚の女およびその親への意識改善に力をつくす。

一〇月には妊産婦登録制にそなえて、妊産婦愛護運動を開始した。労働過重による流産を防ぐべく、農村の妊婦調査。つづいて妊産婦手帳の発行。そして胎児は登録制となった。

娼婦幻想が慰安に挺身する

芸妓券番は奢侈享楽制限によって、一五年以降縮少された。芸妓は軍需工場へ動員され、置屋では出征軍人の家族らの宿泊所に転身する所も出た。太平洋戦争へ突入後の一七年、水茶屋券番も閉鎖した。

一八年三月、「高級享楽停止令」が公布された。これによって芸妓は全面的に国内から姿を消した。このとき公娼廃止にふみきった県も出て、それは一五県におよんだ。他にも七、八県が公娼廃止を県会で決めた。

しかし福岡県は大陸や南方へ移動する軍隊の基地でもある、との理由で存娼。福岡市の新柳町は軍の慰安所に指定された。空襲警報下でも営業をつづけた。公娼、準公娼街ともに閉店を一二時とされ、時間になると表戸を閉めた。

人手不足は諸方面におよんだ。新柳町では翠糸校の二階で娼妓らが軍用食の袋張り作業をし夜は燈火管制下で登楼客に応じた。この一八年の一一月に福岡県は不妊婦を調査した。産まないことは非国民なのである。そして遊休未婚女子の一掃がはかられ、勤労挺身隊への斡旋指導等の要綱が定められた。女学生も軍需工場や農村へ動員され、未婚の女は学生や勤人以外は挺身隊として女学生同様、工場などへ動員された。一二月東京神田で優良家庭表彰式があり、県下の子宝一家は筑紫郡より六男五女の家庭が選ばれた。

ところで中国大陸の主要占領地には、県下の新聞社の支店をはじめとして、福岡県人会を組織している各種各様の職業の人びとが駐留していた。もちろん軍隊が常駐している。福岡市内の料亭の支店や産婦人科医院も開業し、上海や漢口などには陸軍慰安所もあり、日本人、朝鮮人の娼婦がいて同組合事務所もできていた（麻生徹男著『戦線女人考など』非売品、最近、石風社より『上海より上海へ』として出版された）。福岡県下の「竜兵団はどこへ行くにも慰安婦を連れて行った」。その中には朝鮮人の娘たちが、挺身隊への動員といつわって強制的に連行されて来ていた（『近代民衆の記録　三・娼婦』月報・伊藤桂一論文「戦場慰安婦について」）。

『からゆきさん』にも慰安婦にふれた部分があるが、次の文も朝鮮人慰安婦に関連している。

「サトは上海でイギリス人の衛生兵と結婚した。二重国籍で、マンチェスターで一〇年間くらしたあと、ふたたびイギリス国外に出て香港にいたとき第二次世界大戦となり、日本軍が占領、夫は抑留された。サトは夫が抑留されたので、昼間は華僑の電気器具店につとめて通訳をし、夜は慰安婦の監督をした。慰安婦は日本軍人相手で、サトの受持ちは中国人の女が二〇名、朝鮮人の女が五名であった。

サトは、日本人はほんとうに気がこまくて、けちで、そのくせいばりたがって、あたしはだいっきらいですね、といった。慰安婦たちも銃でおどかすからしかたなしにつとめていたけれど、だれでも日本の男を腹の中で軽蔑してましたよ。軽蔑されても仕方ないですね。なかみがないくせに、尊大な様子をしたがって。あたしは恥かしくてしかたがなかった。慰安婦だからって、軽蔑できませんよ。誰だって、いつ、その立場に立たされるかわかりません。人間ってのは、そんなことで値うちが決まるもんじゃないですからね。あの慰安婦たちは戦争が終ったら、ころっと革命軍になってしまって。朝鮮人の女たちもそうでしたけど。あんな日本人にばっかりつきあっていたらだれだって反日になるんですよ。あたしは主人が香港で死んだので、しかたがないから帰ってきて恩給でくらしてますけど。日本人の悪口をいいますけど、日本が憎くていうのじゃありませんよ。情けなくてね。

サトは、つもっていたことばを吐きだすように話した。そして、今夜は泊っていらっしゃい、と台所に立った。神経痛の脚が思うように動かせない、と引きずるように歩いた」（森崎和江「あるからゆきさんの生涯」『ドキュメント日本人・第五巻　棄民』學藝書林）

アジア民族女性の従軍慰安婦への強制連行は、日本の敗戦のあと、半世紀近くたった一九九〇年前後から、韓国を中心として日本内外で問われはじめた。日本政府は軍や政府との関係を否定していたが、しだいに資料が明るみに出されはじめた。近代日本が公娼制度を社会の必要具として、家制度維持に利用してきた結果であった。男の性を中心として天皇制の元に体系化し、男の「家」の外での性交は責任を問わぬことを法制化していた。女たちは法のもとで無能力であり、戦時下では未婚一掃を指令され、人的資源を絶やさぬよう産むことを強要された。こうした発想下で、産まぬ女という娼婦幻想が慰安に挺身するのは、当然のことと考えたのである。

「銃でおどして」「公衆便所」とし、一瞬の慰安を前線地でむさぼった兵士たち。しかしその設備を拒否した部隊もある。久留米市出身の軍医で詩人の丸山豊の『月白の道』に、次のくだりが残されている。

「雨季が近づいた。夜はホトトギスが、不穏な鳴き声で旅愁をさそった。フィリピン、ボルネオ、ジャワ、ビルマ、そして雲南省へと、やすむひまなしに戦い進んできた私たちの部隊は、敵を怒江の対岸に追いはらって、この龍陵の町に陣地をきずき、はじめて長期駐屯の姿勢をとった。

龍陵は冥府のように、くらい湿っぽい町。ながい間、女性的なすべてに無縁であった私たちは、ふとしたことにいら立ちやすく、おたがいの表情もとげとげしくなった。部隊の内側から、なにかとんでもない事件がおきそうな気色であった。故国からの女性たちの到着など、まだ予想もされない。なんとかここに、性の対象をもちこまなければならない。それを司令部や参謀たちは苦慮したものとみえ、私の同僚の中野中尉が呼びだされた。

中野中尉はギロリと瞳のするどい男。そこで私たちはギロチンという愛称で呼んだが、じつは心根のやさしい仏教信者。つねに如来さまの像を膚身はなさず、朝と夕には念誦《ねんじゅ》を欠かさない。

おひとよしの中尉は、命令の『あたらしく酒保（軍隊で酒や日用品を売るところ）を開設するために』という表面の目的をかたく信じて、数名の部下をつれて女あつめに出かけた。このあたり、主要道路をはなれてすこし山深くたどってゆくと、大小さまざまの土侯たちの所領である。その土侯のひとりに会って、見目うるわしき少女の提供を交渉した。

中尉はみごとに戦果をあげて、つまり、ういういしい少女たちをつれてもどってきた。みどりの髪を三つ組みに編んで、白の上着にまっくろのもすそ。龍陵のしめった石だたみをふんで、はだしの少女たちがあるいてくる。久しぶりに見る柔和なものの美しさ。そして、私たちの部隊が意図したことのみにくさ。

ついに真相を知った中野中尉はふんぜんとした。司令部では、日本軍の尊厳と実利をめぐって活発な論議がわいた。卑劣なくわだてがめいめいの心のなかで破棄された。あやまちを矯《た》めるにためらうことなかれ、司令部から第二の命令がでた。酒保は開かない。中尉はこのままあの女性たちを、土俣のもとに返しにゆきなさい。

中尉は、大分県のおくになまりを丸だしに、涙をながしてよろこんだ。なにが起ころうとしたのか。戦争とはじつに恥しらずなものであるかを、つゆ知らぬあどけない土俣の少女たちは、ふたたび敷石の小道をたどって谷のむこうの原生林へ消えてゆく。とつぜん驟雨《しゅう》のようなざわめきがおしよせ、見れば手長猿の大群が、谷から谷へわたってゆくたけだけしさであった。

中野中尉は翌々年の秋、この龍陵から四〇キロへだてたトウエツの城で、全員戦死の仏たちのひとりとなった」（丸山豊著『月白の道』創言社）

昭和一九（一九四四）年六月一九日の夜、福岡市は米軍の空襲をうけた。いたる所に焼夷弾が落ち中心街は一面に焼けた。新柳町も燃えおちた。それでも焼け残った娼廓に娼妓は集まって、軍の求めに応じた（井上精三著『博多風俗史・遊里篇』積文館）。

空襲による消失は県下の八幡市、久留米市にも及んだ。米機からの機銃掃射はしばしばだった。この緊迫下で結婚斡旋はつづけられた。福岡市その他が燃えあがった一九年度に斡旋した結婚は二、五六六組にのぼった。戦場から傷病兵として帰国した兵士への斡旋に力がそそがれた。最後の一人までたたかう、という主旨のもと、人的資源の確保が急がれたのである。

傷痍軍人の妻となった大正五年生まれの女性の聞き取りの一端を次に記す。

「あたしはくよくよしません。くよくよしたら自分の身がばからしいです。

あたしが軍需工場の仕事からもどったら、世話する人が四人来とられました。結婚の世話をずっと、そこここ歩いてしている人です。そして、どうでん、あんたの力を借してくれ、て。向うは父親と二人だけで、洗濯する者もおらんて。行ってみりゃ、ほんなこと、女手のなかけんねえ。もう足の踏み場もない。あたしゃこっちの郡まで来たとは、それがはじめてでした。主人は砲弾のかけらが、まーだ体の中に残っとるていいよりました。家の中を壁を伝うてどうやら歩みよりました。ご飯炊きやらは年寄りの父親がしよったとでしょう。掃除もとどかんから、家のすみやら行くと、たたみが、ぼす、て穴のほげるごとなっとった。

あたしゃ働いたです。主人を立てて働かにゃならんからむずかしかったですね。近くの工場に出ながら百姓もしました。子が次から次にできました。小学校行くごとなった長男に、『学校からもどったら田んぼに来い』て書いて置いとく。工場で『おばさん今日は草取りじゃろう、ここはいいき、はよ行きなさい』ていうてくれてね。早う帰らせてもろうて田んぼへ行く。嫁いって、すぐに戦争は止みましたけどね、主人は体だめにされてしもうて、冬やら痛みますけんね、百姓もされん体にされて、はがいがりました。

恥のごとありますが昔の百姓は子が次から次でくるわけです。あたしゃ長女ですもん、母が『おまえ、これ負うて学校行ってくれな正月がされんぞ』て。学校に弟負うて行きたくはなかったけど、やっぱ、負うて行った。そすと、泣くわけ。廊下に出てね、ねんねんこ広げて窓越しでね、勉強した。あたしもあんまり頭いいほうじゃないけど、先生が、みてみよ、あれは守りしながら点数は一番よか、て。みんなに、まねはでけんね、ていうてじゃった。そげして小学校出ましたけん、くよくよせんです。おかげで、子はみな高校出て会社に入りました。主人ははよ死にましたが」

昭和二〇（一九四五）年八月一五日正午、敗戦による戦争終結の玉音がラジオから流れた。敗北を国民へ告げる天皇の声だった。

第6章　敗戦

1　占領軍の進駐

パンパンとオンリー

昭和二〇（一九四五）年八月一五日、玉音放送によって国民は敗戦を知った。占領軍の上陸にそなえて、終戦三日後の八月一八日、内務省から各県に指令が出された。占領軍兵士の慰安施設に関する通達である。

一、外国軍の駐屯地区及び時期は目下全く予想し得ざるところなれば、必ず貴県に駐屯するが如き感を懐き一般に動揺を来さしむが如きことなかるべきこと。
二、駐屯せる場合は急速に開設を要するものなるに付き、内部的には予め手筈を定め置くこととし、外部には絶対に之を漏洩せざること。

この慰安施設の整備要領には、「営業に必要なる婦女子は芸妓、公私娼妓、女給、酌婦、常習密売淫犯者等を優先的に之を充足するものとす」とある。東京では、元遊廓主などによる特殊慰安施設協会を発足させ、特別女子従業員募集広告を出して八月二六日には大森の小町園に占領軍慰安所が開設された。九州では九州総監府が各県に、「血の純潔を保つために婦女子を逃がせ」と通達。占領軍の上陸にともなって男は強制労働、女は強姦されるとの噂が流れ、福岡県庁では女子職員に、八月一八日避難のための一週間の休暇を出した。

福岡の新柳町では焼け残った一〇軒の貸座敷に一七軒の楼主と娼妓が同居し、西部軍司令部の慰安所として敗戦まで営業をつづけていたが、つぎつぎに散ってゆき、敗戦時は九軒が営業していた。県では内務省の通達により、県警本部に同地域内の大吉楼の楼主・池見辰次郎を呼び、一般女子を守るために早急に営業地再建を依頼した。

一方、占領軍の上陸にたいして一般市民に、相手に隙を見せるな、と通達。九月二日の地元新聞に掲載。九月四日には内務省から「米兵ノ不法行為対策資料」が全国警察に通達された。これは新聞報道をひかえさせ、県下の各町村の隣組を通して回覧板による「婦女子強姦予防」として徹底させた。

米兵の不法行為は、九月二日の上陸直後、横須賀市内や千葉県館山市外などで、拳銃をつきつけて強姦したもの、輪姦したもの、また母子をともに犯したものなどである。米兵慰安所の急設はこの「米兵ノ不法行為対策資料」にも、盛り込まれている。「慰安所ハ表面連合軍司令部トシテハ公認セザル所ナル如キモ、自衛方法トシテ斯種施設ハ絶対必要ナリ」とある。「但シ先方内部無統制ヨリシテ、場合ニ依リ進駐決定後、急ニ通知アルヲ以て、事態ニ対応シ得ルタメニハ移動式慰安所ヲ成ルベク多ク工夫用意スルコト肝要ナリ」

こうして一般家庭を守るべく、占領軍慰安婦としての女性を急拠秘密裡に集めた。県下の町村に慰安所設置の噂は流れ、強姦予防の回覧板とともに一脈の安堵が居住地域でささやかれていたのを筆者は記憶している。

そして九月九日、連合軍総司令部は米軍の福岡県進駐を指令、九月三〇日から一〇月一日にかけて第五海兵師団第二八連隊が福岡市に進駐し、東公園の一方亭に司令部を開設した。

一〇月六日、北九州方面先遣隊四七二人が門司港上陸。一一日に主力が小倉に入り、小森江に進駐。一八日には第三二師団砲兵一二二大隊長以下一〇〇人が小倉市に到着。慰安所を要求した。

以下つづいて占領軍の駐留は強化され、一二月一日には福岡地区約二万一〇〇〇人。門司・小倉地区六〇五〇人。久留米地区一一〇〇人。大牟田地区二五〇人。若松・直方・蘆屋などに二三五人。合計二万八、六三五人になった。いずれも前線から転進してきた軍隊であり、各地域に慰安所は設営された。県下では進駐にともなう強姦例は県民の耳目にとどくことなく駐留はすすんだ。とはいえ市街に出た占領軍兵士が、通行中の日本人男女をその大柄な両手に抱き寄せ、鉢合わせさせて笑うことなど、ごく日常目にする風景となった。また子供たちは争ってチョコレートなどを求めた。さらに占領軍は増加した。

この当時の占領軍慰安所内の資料に接することができていない。福岡の新柳町は県警の指示に反し、占領軍は使用することがなかった。

福岡県下の各地に進駐がつづいている九月二二日、連合国軍最高司令官は日本政府に公衆衛生に関する指令を発した。「日本国民は花柳病撲滅に特に努力すべし」というものである。

これは駐留軍兵士が日本人女性に接して、性病が蔓延したためであった。この指令と同時に、占領軍は兵の慰安施設への出入りを禁止した。そのため慰安所から接客女性たちが街頭に流れ、基地周辺でパンパンガールと呼ばれる占領軍兵士を客とする街娼となった。また、オンリーと呼ばれて特定の兵士を相手としはじめた。彼女たちを対象とした借家、また貸部屋が生じた。

敗戦国の公娼制

敗戦の日から一カ月半ほど経った一〇月二日、県では「進駐軍（占領軍をこう呼ぶようになった）将兵の気持を情緒で和らげる一方、戦後の復興に努力する県民に慰安を与えるため」に、芸妓を復活した（「西日本新聞」昭和二〇年一〇月三日付）。芸妓営業を戦争が熾烈化した一八年に政府によって禁止されたまま、まだ解除されていない。そのため「県独自の立場で英断的に許可」し、呼称を「宴妓」とした。そして、戦前の「芸妓取締規則」に準拠して営業させた。やがて二カ月後の一二月二日、宴妓をふたたび芸妓の呼称にもどし、「芸妓及び芸妓置屋営業取締規則」の再公布（昭和五年一二月二六日・県令第六三号）とともに営業を県下各地で認可した。

空襲で焼けおちた福岡市街に、一〇月までに進駐軍めあてのキャバレーやダンスホールが五カ所開設された。映画館も焼跡に建ち、博多高等料理組合所属の料理屋も五八軒となった。金さえ出せば品物が焼土の市街で求められるようになった。貸座敷営業も復興した。公娼制は福岡県は戦争終結まで中断することなくつづいたが、ふたたび業者の強い娼妓拘束と前借金によって繁栄へ向かい出した。

日本の公娼制度が最終的に落ち着いたのは、明治三三年の内務省訓令第四四号「娼妓取締規則」と、地方庁令の「貸座敷営業取締規則」の二つである。しかしこの両者は当局内の担当者の異動や個人的意見に応じてその内容が区々にわたり、大正一五年には娼妓の自由を基本として各県毎に改変させた。県によっては公娼廃止をくりかえし決定した所もある。しかし容易に施行に至らない。群馬県は明治三一年一一月に公娼廃止。ついで昭和五年一二月に埼玉、同八年六月に秋田、九年七月長崎、同一二月青森、二〇年には長野、岩手、福島、千葉、岐阜、愛知、高知の七県が廃止に踏みきった。

しかしこれまで見てきたように、福岡県は売春王国を誇り、芸どころ博多の名とともに、廃娼などを云々するのは男の風上におけぬ考え方だと、一般に受けとめられていた。また全国的にみても、内務省令による公娼制度は不安定なので、安定的な制度へと公娼制の法律化が求められていた。そして昭和一〇年には「娼妓取締規制」にかわる「娼妓取締法案」が、衆議院に提出され審議未了となったのは前述した通りである。もちろん廃娼運動は続いていた。廃娼建議案はくりかえし帝国議会へ提出された。

進駐軍の駐留がほぼゆきわたった二〇年が暮れて、翌二一（一九四六）年一月二一日、「日本における公娼廃止に関する連合国軍最高司令官覚書」が日本政府宛に出された。それは次のようなものである。

「日本における公娼の存続はデモクラシーの理想に違背し、且つ全国民における個人の自由発達に相反するものなり。日本政府は直ちに国内における公娼の存在を、直接乃至間接に認め、もしくは許容せる一切の法律法令及びその他の法規を廃棄し、且つ無効ならしめ、且つ該諸法令の趣旨の下に如何なる婦人も直接乃至間接に売淫業務に契約し、もしくは拘束せる一切の契約並に合意を無効ならしむべし」

この覚書の主旨を、当時の日本人が理解できたとは思えない。県下の新聞もあつかいかねて、「放たれる籠の鳥、彼女らは何処へ?」と、他人事として報じた。一般には、アメリカ人もパンパンを必要としていながら何をいうのか、と反応した。『福岡県警察史』には、この覚書は「直接に売春自体を禁止するものではなく、婦女を拘束して売春させることを禁止したものであった」とある。行政も貸座敷業界もそのように解釈した。

「西日本新聞」の一月二六日の記事には、現在県下に貸座敷六六軒、公娼三九七名、私娼一、七七八名がいる上に、「戦災によって家族を失った娘や引揚げや物価高に伴う生活苦におびえる女性など」も数多い時であり、公娼廃止は生活難による私娼を激増させるのではないか、とある。公娼制はそれらの娘を救っているのだとの判断は一般的だった。私娼がふえると公娼制で「守られている」娼妓たちは安定して食べられない。その憂慮が普遍性を持つような一般の意識であり、敗戦後の生活情況だった。また社会的な女の位置である。

しかし、占領軍のこの覚書によって、明治三三年の内務省令第四四号『娼妓取締規則』は廃止させられた。また県も「貸座敷娼妓取締規則」の廃止を余儀なくした。

それにたいして四月一二日、県は司令部覚書にもとづき、付達三号を出した。貸座敷の名称を席貸営業に、娼妓・酌婦の名称を従業員に改め、同時に前借金制度による拘束から女たちを解放せよと、指示した。つまりは文章上の呼称の変化を布達した。

九月政府は「特殊飲食店制度」を採用した。旧貸座敷地域および三等料理屋地区を売春地帯として「風紀上支障のない地域に限定して集団的に認める」方針とし、表向きは飲食店街とする。そして、その地帯を赤線で囲ったことから、赤線地帯（または赤線地域）と称するようになった。これら旧公娼地域および旧準公娼地域である赤線地帯外の売春地域を、青線地帯と呼ぶようになった。

翌二二（一九四七）年一月一五日、政府は連合国軍最高司令部から発令された前記の公娼廃止覚書を、ポツダム勅令第九号「婦女に売淫させた者等の処罰に関する勅令」として公布した。次の三条である。

第一条　暴行又は脅迫によらないで婦女を困惑させて売淫をさせた者は、これを三年以下の懲役又は一万円以下の罰金に処する。

第二条　婦女に売淫をさせることを内容とする契約をした者はこれを一年以下の懲役又は五千円以下の罰金に処する。

第三条　前二条の未遂罪はこれを罰する。

これは先の覚書にたいする緊急措置である。政府はこの緊急措置を法律化すべく協議し、「売春等処罰法案」を国会に提出して、司令部覚書に対応する道をひらくべく務めるのであるが、福岡県でも勅令第九号を受けて売春にたいする取締要綱を定めた。二二年二月二〇日公布の「特殊料理屋営業取締要綱」である。それまで貸席と呼んだり接待所と変更したりしていた貸座敷地域と三等料理屋地域の娼楼を、「特殊料理屋」と改名し、女たちを酌婦という呼称に統一させた。

取締要綱には次の項目がある。

従来の貸席、特殊料理屋（張店、客引、仲居制度等を含む）のような売淫行為を主とする業務は認めず、飲食物の提供による営業たること。

営業者は原則として酌婦に必要なる給料を支払い、酌婦は営業者にたいして間代食費等を支払うものとすること。尚、右の金額については、酌婦の組合をして営業者と対等の立場において協定せしむるように指導すること。

営業者が遊客より受取ることが出来るものは飲食代に限るものとすること。尚、酌婦よりは前項による必要費の外、売春を前提とする何等の金銭物品も受取ってはならない。

このように、女たちの自由意志を拘束した形での売春を禁ずる表向きの変化は、明治五年の娼妓解放令のあとに出された規則を思い出させる。こうして敗戦国の公娼制は、明治期と同様外国からの指摘によって変化し、「赤線」と称されながら繁栄へ向かった。

赤線・青線・白線

公娼制度のもと、貸座敷や三等料理屋で身柄を拘束されつつ売春を強要されていた娼妓や酌婦が、規則の上では自由営業の私娼となった。女たちは政府の「特殊飲食店制度」のもと、福岡県では特殊料理屋の酌婦と公称されながら稼業をつづけ、前借金を返していく。その赤線地帯の外側や、復興する巷に、飲食店での売春が増加した。青線地帯と行政上呼ばれた。管理売春を重視する伝統を生かし、地区毎のランクづけをしつつ取締った。

これら地帯のほかに、白線と俗称する地区も生じた。戦後の新風俗としての街娼の売買春が噂される地域である。

敗戦後の食糧不足や就職難、住宅難の中で、デモクラシーの理想に反するとの理由で公娼制度の廃止を指令された日本人は、デモクラティックな性意識について自問する手段も場も持たぬまま、占領政策による開放的な性風俗を若者が取り入れた。街頭にアベックがふえた。若い世代は家制度および公娼制度の外で生きようとする。大人たちはそれを性道徳の頽廃と指摘する。そして、何らかの取締条令を求めた。

生活のために駐留軍（占領軍から進駐軍へ、そしてこのように呼称は変化した）の兵士を相手とする街娼たちは、日本人の魂を売った恥ずべき者として、風俗低迷の根源のごとく市民から嫌悪された。赤線の女は日本人の男を相手とする。ここは駐留軍兵士にはオフ・リミットの場となったのだが、市民一般はそうは見ない。パンパンは娼妓の伝統からはずれた者として、心理的な村八分がどの基地の町でも起こっていた。基地にかぎらず敗戦国民の感情に底流していた。

福岡県は産炭地帯をひろびろと筑豊の四市四郡や福岡市郊外、大牟田市内外に抱えているので、敗戦後の生活は他県に比して、いちはやく復興をみせた。「戦後復興は石炭から」というかけ声とともに、産業の基本的エネルギーの確保に政府は力を注ぎ、炭坑労働者は米の配給も特別あつかいだった。そのため労働力として連行していた朝鮮人の帰国と入れかわって、都市住民や引揚者が移住してきた。炭坑町は活気にあふれた。

石炭採掘は戦争末期は、乱脈を極めていたので、坑道の整備や保安施設に手間どった。それでも女たちも坑内の労働に従事しつつ、復興はすすめられた。同時に大手鉱業所に労働組合が誕生、敗戦後の働く人びとの地位および労働条件の引上げに強力な力を発揮しはじめる。

この復興の活気と食糧の充足に引かされて、戦後の興行や娯楽施設も他の地方より早く回復した。東京・大阪から歌舞伎や芝居の集団が炭坑町を転々とまわった。戦後の特需地域となった各地の炭坑町の赤線・青線に、県外から酌婦が連れこまれる。

「夜は遊廓、朝は教室。娼妓を志願した女学生」(「西日本新聞」昭和二二年七月二九日付)という見出しで、八幡市の女子高校生数人が、市内の旧白川遊廓で稼いでいることが報じられた。

これは転落女学生問題として連続記事となった。大人たちはショックを受けた。製鉄の町八幡は空襲後のバラックが多い。しかしこの娘たちは両親そろって家庭で甘やかされて育った娘たちだった。彼女らの親は信じなかった。友人宅に泊ると告げられ、それを信じていたためである。

特殊料理屋と改名した娼楼では、貸座敷当時のような親権者と業者との契約書は禁じられた。

そのため彼女らは遊び仲間のさそいに応じて、性体験を面白がっていたのだった。この若い行為について、家庭や学校教育の空白が問われた。女を買う意識や買わせる商業の存続を問題とする観点は、まだ、全くみられない。

県では、芸妓置屋が芸妓を前借金で雇用することを禁じて、芸妓組合の結成を求めた。これをうけて中州券番が博多芸妓組合を二二年一月に創立した。しかし一年もたたぬうちに、戦後派の若手が戦前からの芸妓に反発して別組織をつくり、分裂した。

こうした事例にもみられるように、公娼廃止に関する司令部の覚書は、娼妓・酌婦・芸妓などに関する旧規則を廃止させたが、人格としての性に関する認識が育つにはほど遠く、新旧の風俗対立を生んでいたのだ。芸娼妓とも前借金や年期契約は、警保局公安発甲第九号で「抱主ヲシテ自発的ニ之ヲ放棄セシムル様特ニ慫慂スルコト」と、二一年二月二日に地方長官宛に通達が出ているだけである。依然として旧態はつづいていた。

貸席業者たちは、占領軍によって公娼、つまり政府認可の売春業の制度は廃止されたが、売春が禁止されたわけではない以上、われわれの営業権は擁護されるべきだと、権利を守る運動を活発化した。業者は、生活に困っている女とその家族を助けるとともに、性病の蔓延を防止する役を果たしているのだ、と常に主張した。その営業を国は守り、街頭の私娼を取締れ、と行政に求めた。

また社会一般も、街娼が目について子供の教育上よくないと問題視した。「パンパン」と類似して公然と風紀を乱す。早く街娼を取締れとしばしば行政にうったえた。しかし占領政策下の日本の政府は、自由に規則が作れない。どう生きるかは個人の選択にまかせねばならない。これでは日本伝来の美風が破壊され、家族さえ崩壊しかねない。この性の放任情況に終止符を打つ必要がある。国が風紀条例を発することができない以上は、地方自治体が性の乱れを取締る規則を設けるべきだ、と、県下でもしばしば県会やマスコミで問題となった。けれどもそれに反論する人びともいて、世上の批判は巷に現れている米兵相手や日本の男相手の「闇の女」に向けられるばかりである。

県では、二三年九月の「性病予防法」の施行をまって、同法の第一一条により街娼を取締ることとした。一一条は、都道府県知事に売淫常習の疑いのある者にたいして、性病に関する健康診断を命ずる権を与えている。この年福岡市では一、九三五名の街娼を検挙した。罹病者は四八%であった。

生活のよりどころもなく街頭に立つ女たちの保護と、授産のための婦人寮が求められ、「婦人保護要綱」ができた。二三年六月、政府はポツダム勅令第九号「婦女に売淫させた者等の処罰に関する勅令」を法制化すべく、国会に「売春等処罰法案」を提出した。これには売春をした者もその相手方となった者も、ともに処罰する条項をいれた。この法案の提出には連合国軍最高司令官の覚書「日本における公娼廃止に関する件」の趣旨を完全に実施するためであるという提出の理由が付された。しかしこの法案に対する議員たちの抵抗は強く、同法案には関係者の更生に関する条項がないという理由で、審議未了となった。

街娼と呼ばれる私娼たちは、その呼称どおりに個々人が私的に自ら営業を行っているわけではない。「奴隷の街」とささやかれて、金と暴力によって管理売春に追われる娘の新聞記事は跡を絶たず、私娼たちは暴力組織の資金源化していたのである。

二　博多埠頭の人びと

国境としての福岡県

福岡県は国境地域に当たるということを、敗戦はまざまざと住民に感じさせた。戦争中も性病罹病率は東京についで全国二位であり、その原因は大陸との往来がひんぱんなためだと、当局を嘆かせていた。県内だけの性病対策では効果がないのである。

また県下の陸軍の前線部隊が慰安婦を同行するのを常としたと、同部隊の兵士が記し、ついには朝鮮人女性をはじめ現地の女性を強制連行したのも、これまで見てきたように公娼制度が日本の男に不可欠の制度とされたことの延長線上の意識であった。公娼制度は、性交に関する男の責任の放棄を国家が認可し、その性を保護する制度である。

福岡県からは、朝鮮も中国大陸も一衣帯水の地だという気楽さが、国政の領土拡張主義とともに、「わが庭先」といった意識を近隣諸国の地へ向けて育てていった。加えて、県下には石炭が広い地域にわたって産出する。その採掘のための労働力として、戦争下に大勢の朝鮮人男性を強制連行していた。また飛行場建設にも連行し、農村の作男としても民間で広く朝鮮人を雇用し、戦時下の人手不足を補ってきた。さらに石炭の積出港の沖仲仕にも多数の朝鮮人を使っていたのだった。

その他、戦争中には捕虜となった中国人をはじめ、同じく捕虜の連合国軍兵士もまた筑豊の炭坑労働に使役してきた。

朝鮮人女性も炭坑や沖仲仕で働く同胞の妻として、多数の人が渡海してきた。彼女たちは夫とともに現場労働に従事した。

朝鮮人女性の人身売買は門司朝鮮楼をはじめとして、各地の労役の町村に酌婦として連れ出されていて、その実態は埋もれたままである。こうした女たちや、強制連行のあげくに炭坑事故で死亡した人びとなどと、地理的に間近な福岡県は、隣接した民族の苦難の地となっていたのである。

朝鮮を植民地としてその国土に君臨していた日本が、戦争に敗れて、朝鮮民族は解放された。同時に、この大勢の在日朝鮮人も解放された。彼らは祖国へ帰るべく、敗戦直後から博多港へ向かった。

博釜連絡船航路は敗戦の日からおよそ半月後の、九月四日に再開された。トラックに満載の朝鮮人が、万歳《マンセー》と連呼しつつ、連日焼土と化した福岡の町を駈けぬけて、博多港埠頭に集まった。

連絡船航路は再開したが、船が足りない。戦争中に流れ寄る機雷にふれて沈没していたり、軍の輸送船として接収されたままであったりして、彼らの帰国は思うように進まない。埠頭に人びとはあふれた。倉庫を宿泊の場とし、急造の小屋も建った。露店の市もできた。急ごしらえの食堂も並んだ。

一方、朝鮮をはじめ海外の諸方から邦人が、現地の漁船を雇って引揚げてくる。敗戦国の主権は連合国にゆだねられているため、旧植民地はもとよりのこと、かつての占領地域も満蒙開拓地もそして国内でも、他民族へ日本の統治権や警察権はおよばない、博多港周辺で幾日も帰国を待つ朝鮮人の不便も混乱も、日本警察や関係機関では整理がつかないのである。敗戦の年の一一月上旬に市内旧柳町に米国中央送還事務所博多連絡所が設置され、相互の母国への引揚げ事務を行うようになって、ようやく諸事が流れはじめた。

旧陸軍海軍はそれぞれ復員事務所を福岡市内に置いた。連日のように、呆然とした姿の旧兵士が復員し、焼土の巷にたたずんだ。

二〇年の九月中旬から県の厚生課が邦人引揚げの世話をした。その年の末までの博多港への日本人の引揚者総数は三二万一、一七四人にのぼった。もっとも早く引揚げを終えたのは南朝鮮在住の人びとで、この年末までに大部分の家族が思い思いに引揚げてきた。

しかし北部朝鮮や旧満州、そして満蒙開拓地や中国大陸からの引揚げは、ソヴィエト軍の太平洋戦争への参加による攻撃にさらされて、自衛のすべもなく、重ねて厳しい寒さに襲われ敗戦の年の内に引揚げることは困難であった。

不法妊娠を救え

二一年二月一日、新たに博多引揚援護局が設置され、各地からの引揚げ業務を統一的に取り始めた。

『福岡県警察史』に次のように引揚げ状況が記されている。

「二十一年になると中国からの引揚げが増加した。北朝鮮からは軍人は集団を組んで三十八度線を突破して帰ってくる者もあったが、民間人は北緯三十八度線を命からがら脱出し、着のみ着のままで引揚げてきた。台湾からの引揚げは四月二十七日引揚船八雲の入港で終了、中国北部方面（華北）は五月中に完了、中国中部南部方面（華中、華南）からも引揚者が帰国してきた。遅れたのは北朝鮮及び満州（現在の中国東北地方）であった。北朝鮮からの帰国はいずれも朝鮮の南端釜山からで、三十八度線を越え朝鮮半島を縦断してのものであった。満州からの引揚地はコロ島からで、在留邦人が待ちわびた帰国は五月十五日上陸の雲仙丸を第一陣として開始された。しかし、引揚者の大部分は女子供や老人が多かった。青壮年の男子はソ連に抑留されたり留用者（筆者注：現地に残務整理や技術指導などで残された者）として現地に残されたためであった。これらの引揚者は全く着のみ着のまま荷物もせいぜい一人一個位で、それこそ現地での圧迫と苦闘を物語るものであった」

ソ連軍の参戦は敗戦の数日前のことであり、その後の日本人の悲惨については、数多くの記録がある。また一九九二年現在もなお、中国残留日本人孤児が引揚げ途上で別れた肉親を探して、一時帰国をしている情況である。母みずからの手で赤ん坊のいのちを縮めざるをえなかった体験など、堪えがたい苦悩が引揚港周辺に癒されることのない傷として伝えられてもいる。そして、福岡県には、ここがその名のとおりの国境である証に、ここに辿りつくまで堪えしのんだ引揚げ途上での異民族による強姦の傷跡が、忍の文字ひとつ刻んだ石碑として、残っているのである。満州の北東部に散在した開拓地から、男装して朝鮮へ向かって逃げのびていた人びとや北部朝鮮その他からの帰国女性の、不法妊娠を救うべく行動を起こしたのは、元京城帝国大学関係者であった。中でも、のちに文化人類学者として名を成した泉靖一の組織力、行動力によって、在外同胞援護会救療部が福岡に創立された。泉は戦後の朝鮮海峡を往来して救援活動を秘密裡に行った。

不法妊娠に人知れず苦しむ女を、博多港で他人に気づかれぬように指導し、二日市保養所で中絶手術を行う。妊娠中絶が優生保護法によって認められるのは二三（一九四八）年九月以降のことである。従って当時は、手術は法を侵す行為であった。けれども関係者は、生きて母国の港までたどりついた女たちを救うために行動し、九州大学や長崎大学の医学部の協力を得た。中絶に使う麻酔剤もなく、それでも女たちは、うめき声ひとつ立てずに手術に堪えた。

手術者約三八〇人。妊娠月数は五カ月を最多に、七、八カ月の者もかなりの数であった。手術を終え、体力気力がかすかにもどり、退院時には笑顔もみえたが、門を出たあと誰ひとり礼状などを寄せた者はいない。（京城大学同窓会誌『紺碧』一〇七号）同胞の中へと帰り、彼女たちは国境に捨てた傷を忘れるべく生きたにちがいない。

二二年春ごろまでに引揚げはほぼ終了した。博多引揚援護局は四月三〇日に閉局式を行った。女たちを救った二日市保養所の役目も、この年の秋には終わり、泉靖一たちも学業に専念しはじめた。

根深く残る男女の不平等

日本と戦ったのはアメリカ、イギリス、ソ連、中国、カナダ、オーストラリア、ニュージーランド、インド、オランダ、フィリピンの一一カ国に及ぶ。東京に設置された連合国軍総司令部の最高司令官はアメリカのマッカーサー元帥で、ポツダム宣言にもとづいて日本の占領政策が行われた。マッカーサーが来日し、天皇を従える如く並び立つ写真を新聞に掲載させた。「日本天皇は連合国軍最高司令官に従属する」というのが日本の降伏条件であり、国家体制をはじめ、国政の基本、法体系、教育、公私にわたる人間関係その他、言論思想の大転換が行われるとあって、占領軍の進駐前後、県下の小中学校では歴史や国語の教科書のあちこちに墨をぬらせた。文字はローマ字のみを教えた一時期も、県下の学校にある。これらは植民地政策として朝鮮語を禁じたことの反映であろう。

二〇年一〇月、マッカーサーは民主化五大政策を日本政府に要求した。

一、婦人参政権による日本女性の解放

二、労働組合の結成奨励

三、学校教育の自由化
四、秘密訊問および民権を制限する制度の撤廃
五、経済諸機関の民主化

敗戦によって、ようやく男女平等という人権意識が日の目をみることとなった。婦人参政権は大正年間より市川房枝たちの婦選獲得同盟を中心に忍耐強い運動がつづけられていた。また、家制度の中の女の無能力規定と戸主権の絶大さにたいする改正運動は、民法をめぐる国家主義者との論争の的となっていた。人権の確立は、明治中期の民権運動以来、断続しつつ大正デモクラシーから昭和前期へと公娼廃止や女の社会的地位の向上にたいして、男女を問わずにたたかってきた人びとの理想であった。しかしそれは天皇を神格化する国粋主義と対決を深め、帝国憲法に抵触すると解釈されて実現は困難だったのである。

海外の諸民族の犠牲と、同胞の膨大な死傷によって皇国日本のイデオロギーは潰滅した。そして、ポツダム宣言に依拠した政策でもって、日本の女たちに自己を律する余地が拓かれたのだった。敗戦の日、魂にとどいてくるよろこびが、しんしんとひろがったのを筆者は記憶している。福岡県立女専に在学し、飛行機製造工場の設計課に動員中だった。

二〇（一九四五）年一二月一五日婦人参政権成立、一七日公布された。同月二五日労働組合法制定、翌年三月一日施行。性によって組合員の資格を差別してはならないと規定。しかし実質がともなうはずもない。世上には公娼制度が生きつづけ、男尊女卑は日常的意識だった。

博多港が朝鮮人や海外日本人の相互帰国で混雑を極めている二〇年末から翌年へかけて、福岡市で産児制限研究会が話し合われ、二月に発足した。安河内寿や福田昌子などが中心となり、コンドーム、ペッサリー、太田リングの普及につとめた（太田典礼著『日本産児調節百年史』出版科学総合研究所刊）。国土は狭くなり、帰国者はふえ、食糧は極度に不足している折から、爆発的な人口増加が問題視されたが、産児制度の具体的な方法を求めていたのは、出産育児に追われる女たちであった。農村部への普及活動が共産党の運動の一端としてはじめられた。

厚生省人口問題研究所で、初の産児制限実態調査が行われた。東京都の職員、工員を対象としたものだったが、産児制限を実行しているのは調査人口の三六％であった（「西日本新聞」昭和二一年六月八日付）。

一一月三日、日本国憲法公布、翌二二年五月三日より施行となった。主権在民の新憲法の第一四条に「すべての国民は、法の下に平等であって、人種、信条、性別、社会的身分又は門地により、政治的、経済的又は社会的関係において、差別されない」と規定された。

また、第二四条第一項「婚姻は、両性の合意のみに基いて成立し、夫婦が同等の権利を有することを基本として、相互の協力により、維持されなければならない」と定められた。

しかし、そこへ向かって息の長い努力を個々の男女がはじめねば現実は変わらない。ことに九州の男尊女卑は徹底していた。夫からの一方的な離婚宣言は相変わらずであり、戦後急増した結核に感染した妻など、有無を言わさず離別されていた。

二二年一月刑法が改正され、妻のみに規定されていた姦通罪が廃止。また「民法改正に関する応急措置法」（暫定民法）が公布された。この応急措置法には、戦時中に中断された臨時法制審議会による民法改正の、進歩派の論旨が盛り込まれた。つまり、当時、男女の平等を家制度の中へ導入せんとして、妻の能力拡張、母の親権の拡大、妻の相続権の強化等々で国権主義者と争いつつ改正要綱をまとめた民権派学者らの意見は、ようやく敗戦を経て法改正へ持ち込まれたのだった（我妻栄著『家の制度――その倫理と法理』酣燈社）。

やがて二二（一九四七）年一二月二七日、改正民法公布、翌年一月一日より施行された。応急措置法を基本とし、旧民法上の家制度を廃止、「個人ノ尊厳ト両性ノ本質的平等トヲ旨トシ」た民法が国民のものとなった。

けれども家制度、殊に男女の人権の不平等を家系維持および社会秩序の基本とする習俗は根深くて、民法の改正は法律上の家制度のことであり、道義上の家は習俗として持続されるという解釈が残った。わけても九州は男尊女卑のくにである。その中での売春王国の女性観はゆらぐとも見えず、それは当然家意識へも反映しつづけた。そして、ただ社会の表層に目立っている街娼たちの新風俗と、婦人参政権が、「戦後女は強くなった」と揶揄の対象とされた。

3　混乱する性

死の堕胎事件

二二年の一一月に改正刑法によって姦通罪が廃止された。一二月には改正民法公布、二三年の元旦から家制度廃止となり、旧民法によって規定されていた戸主権や女の無能力等が廃止、夫婦平等を基本とする家族法ならびに相続法によって女たちも自分らしい生き方が可能となった。加えてこの夏には優生保護法が公布、第一四条の四に、妊娠の継続又は分娩が身体的又は経済的理由により母体の健康を著しく害するおそれあるもの、の妊娠中絶が認められた。

人工妊娠中絶が、本人および配偶者の同意をえて可能となり、その条件に経済的理由がいれられたことは、戦前の受胎調節や家庭設計運動等が女性の心身の解放と自由とを求めつつ容易にいれられなかったことの、根源がどこにあったかを、つくづくと考えさせる。

「家」を存続すべく子を産ませるには、女の人権はじゃまになるのでそれを禁じ、公生児のみを保護の対象とした。また「国」を強大にするべく人口を増やすには、女の人権は不要であり、私生児をも員数の対象とした。こうした社会では女個々の、心身の調節などという分不相応は認められないのだった。女が望まない妊娠であろうとも、堕胎は犯罪であり、刑に服さねばならなかった。

こうした国家主義的家族制度が、国家膨張主義と同行したあげくに自ら敗れ去った必然が、女性史の立場から見えてくる。人類を二分し、女および被支配民族の人権を無視した皇国は敗退し、ゆがめられつづけてきた性は、解放された。家制度下の女であれ、公娼制度下の女であれ、不当な国法と風習を正すことで解放したいと、婦人参政権運動や廃娼運動の労苦を重ねつつたたかってきた先輩たちがめざしていた社会が、ようやく、その重い扉のカギをはずしたのだった。

児童福祉法も公布され、妊産婦手帳（のちに母子手帳と改名）も配付されるようになった。一二月に厚生省は避妊薬の製造を許可した。福岡市に西日本優生相談所が福田昌子らによって開設された。ちなみに福田昌子は医師であり、社会党左派の国会議員として活躍する。のちに純真女子短期大学の学長となった。同相談所は開設後、年間一、〇〇〇人に受胎調節を指導しはじめた。また八幡製鉄所の健康保険組合が受胎調節活動をはじめて、月平均二五六、七名を指導した。避妊相談が八七％、中絶相談が六％という状態だった（『日本産児調節百年史』）。

以上のように女の性を自主的にコントロールすることが法律的にも認められ、その開かれた新しい社会に女たちは誰もが自由に平等に生きられることになった。わけても、この折に青春を迎えた若者たちは、公的にも私的にも自らを律してわが道を生きる権利を使うことを夢みた。

その矢先に、福岡市で、九州大学の大学院生による死の堕胎事件が起こった。避妊薬製造許可が出た一カ月後の、二四年一月二四日のことだった。九州大学工学部大学院特別研究生が、福岡女専（のちの福岡女子大）卒業の小学校教師である恋人を、自分の手で二度にわたって堕胎手術を行い、二度目の折に、あやまって死亡させた事件だった。

この事件は当事者が共に地元の最高学府出身であり、性の解放と受胎調節が一般の関心を呼んでいた時のこととて、若い男女にとってショッキングな出来事だった。一度目の堕胎は中絶許可前のことである。

堕胎法を医学書で読んで一応の知識とした大学院生は、ガラス管、消毒薬、三角フラスコ、サイダーの空き瓶などを道具として、薬品を女の胎内に注入し、胎児を死亡させて流産させるという手法をとった。この方法で一度は成功した。さらに中絶認可後も同じ方法をとって、女を死亡させたのだった。二度目のとき、胎児は五カ月になっていた。

二人は筑紫郡水城村の山中の竹藪で手術を始めた。薬液の注入で女は苦しみ出し、意識不明となり、激しく出血した。男は胎児を引き出し、女にたいして人工呼吸をほどこしたが死亡。一旦は死を覚悟して逃亡したが、翌二五日に地検に自首したものである。翌年の二五年の一二月に懲役一〇カ月、執行猶予三年の刑が確定した。

この当時、旧帝国大学は国立大学となり、旧女子専門学校は女子大学となっていた。二人の出身校の学生間では共同の研究会もさまざまに持たれていた。恋愛から結婚へ向かったカップルもいた。けれども学生も世間も一般にまだ旧習が濃く、結婚は家どうしの取りきめという意識は濃厚だった。異性間の自由なつきあいは白眼視された。恋愛さえ、進駐軍兵士相手の街娼の、派手な行為をまねる者という世間の目が、主流を占めていた。

死の堕胎事件の年の一二月、県下の高校の女子生徒が男子生徒の子を受胎し、自殺した(「西日本新聞」昭和二四年一二月七日付)。

恋愛をはじめ、性意識は未熟であり、受胎や中絶に関する知識も旧習の中にあった。世上では少年少女の性犯罪が多発していた。この年の三月、飯塚の小学校長の一五歳の息子が不良仲間とともに強姦。宇美町では同じ頃新制中学校の不良団が毎晩のように女性を襲った。福岡市内の小学校では五年生の女の子が強姦され殺された。同じく福岡市の小学校で小学校の男子生徒が五人で、五歳の少女に乱暴をした。春日村では、グループや単独でつぎつぎと女を襲った。いずれもこの春から秋へかけてのことである。

一方、少女の人身売買は枚挙に暇がない。敗戦後の生活難と社会倫理の混乱は、親が子を売る意識を野放図にさせた。民法は改正されたが、性の解放と自由の意味も内容も未熟な、人権からはほど遠い現象を呈していたのである。

助産婦の証言

次にこの時代を山間の村の助産婦として生きた女性の聞き取りを記すことにしよう。井上ナツ子、大正四年生まれの女性である。戦後の無秩序の中、妊産婦や新生児用の衣類もガーゼも消毒綿も市場になかった。

「終戦の年の八月に、主人は兵隊帰りの栄養失調で死にました。その後やっぱ、苦労しました。子供が九月に生まれて、まだ手はいるし、子供連れでやとってくれるとこもなし、ですね。保育園もないし……、田舎で……、山の中です。八女郡の、横山村。

ここは山で、どこへ行くにも山越えて行かねばですね。道らしい道もなくて。

その年の一二月ごろから産婆をはじめました。わたしの前に産婆していた方が、進駐軍の二世の方がご主人で、どこか蘆屋あたりに行かれることになってですね。いとこ同士で、ご主人と。だから、あとを引受けてくれていわれて。

わたしは女きょうだいが多かったからですね、一人くらい、何かになっとったらようはないかということで、病院に看護婦の見習いに行って免状をもらっとりました。田舎の病院で、内科も婦人科も何でもして。むかしのことですから。検定試験で免状をもらいました。産婆も検定試験で。昭和一〇年ごろとりました。わたしの前に産婆していた方も子供一人連れて、助産婦しよんなさったとです。ご主人はハワイ二世だったです。

わたしは姉が三人、妹が二人、男は兄ひとり。その兄は戦死しました。主人が亡くなるまでわたしの里におりましたけどね、いつまでも里のお世話になるわけにもいかん。ちょうど助産婦してあった方が自分のあとを引きうけてくれていわれるので。

免許もっとってよかったかどうか……。家が百姓でしたから百姓しよったほうがよかったかどうか……。こうなる運命だったとでしょう。どこ行くにも山で、行きは山のぼって行って、帰りは下りで……。どこからでもお産の迎えに来てもろうてですね。夜やら、もう、ずーっと、そこの家行くまで山の中で家はなくてですね。よか道は川沿いの道ですけど、石ごろごろの道でしたからですね。まっくらで、提灯持って迎えに来なさることもあるし、懐中電灯持って来なさることもあるしですね。

昼間は自転車で行きよりました。のぼりは押しあげて、下りは降りて行きよりました。それでも自転車で走れるとこもあるし。家はあちこち山の中で。四〇分くらい歩いて行くのですから。近いとこで二〇分くらいかかるのです。子供がちいさかったから帰りは走って帰りよりました。産婆はじめたときは自転車もありませんから歩くばかりで。はじめてのお産のときも四〇分くらい歩きました。

最初のころは里（実家）におりましたけど、里は山の上にありますから、かかりがわるいからですね、かかりのいい所へ降りて来て、部屋借りてですね。夜中にお産で呼びに来なさったら、子供一人置いて行きますからですね……。男の子で、二歳でした。

二歳の子を、一人置いて行きよりました。眠っとるとですね、やっぱり起こすのもかわいそうで……。山歩かないかんから、負うて行かなならんでしょ。急ぎますからですね。一人置いて行きよりました。

二階の部屋を借りとりました。下におじいちゃんおばあちゃんが居ってでした。目が覚めて、おかあさん、といっても居らんときは、泣いて下へ降りて行くらしいんですよ。するとおばあちゃんが、『おかあさんは赤ちゃんが生まるっとばお世話に行っとってじゃけん、ここでやすまんね』というと、さあっと二階行って、ひとりでやすみよったらしいです。

そんなふうで、一人置いておくしかありません。ときどき里から姪やらが来てくれたりして。でも夜中に呼びに来なさると、まだちいさいからですね、気になって。

赤ちゃんが無事生まれると、ほっとして、歌い出したいようにありました。一人ですから。

田舎でお医者さんもありません。八女市まで行かねば。遠うございましたし、頼むにも電話もないしですね。お医者さんにもなかったですもんね、電話は、その時分は郵便局にしか……。赤ちゃんが弱って出てくるときもありますしね。お医者さんが見えるまでは、それはもう……。病院もなくて……。

赤ちゃんはひとりひとり生まれ方も違って、すぐ生まれるとはかぎりませんし、お産は生まれてしまわな、わかりません。行ってすぐ生まれりゃよかですけど、一日かかる人もあるし、生まれないと思っても、夜中に帰ったら、またすぐ山道を行かなならんこともあります。そこのお宅に泊めてもらったり。

わたし一人ならどんなにでもなりますけど、ちいさな子がいますから……。学校に行くようになっても小学校の下級生のころはですね、雪が降って、こう寒いときなどはですね、赤ちゃんがなかなか生まれないこともありますし、生まれると、もう、走って帰って……。ごはんも食べずに学校行っとりますから。学校へ寄って、『ごはん炊いてすぐ持って来てやるからね』といってですね、ごはん炊いて急いで持って行ってやりよりました。わたしが仕事を持っているから子供を育てられたとも思いますけど……。

戦後すぐの頃は脱脂綿がなくて、配給でした。捨てられませんのでよく洗って、熱湯かけてもらいよりました。熱湯かけてよく乾かした綿花に新しい綿花を重ねて使いよりました。田舎は特に寒いし、凍りますでしょ、困りよりました。火鉢に金網で鳥籠みたいなのをこしらえてかぶせて、それにおむつやらかけて乾します。晒し木綿はキップ制でした。一反くらいでしたか。これで赤ちゃんの肌着やら作りなさるので、T字帯のようなのは、浴衣などの古い布で作ってですね。新しい布なんか、売ってなかったですもの。

　山の奥は電気もまだ来てなくてですね。ランプでした。ランプは暗いですから、よく見えるように動かしますけど、そうすると他の所が暗くて。村のはずれにはそんな所も何軒かありました。

　その時分は今みたいに中絶ができませんでした。お姑さんがやかましいとこは、子ばっか生んでから……て言われてお産のお金やら無《な》か、ていいなさる。子供が沢山いて、うらめしかくらいで。嫁は子を背中にくくりつけて山で働く。乳のませながらごはん食べな姑さんから叱られる。田植えから帰って来ても、体に赤んぼ結びつけて乳のませながら自分も食べよってでした。

　赤ちゃんにかかりっきりなんてありません。這い出すまで寝せとります。川や溝でおむつ洗って、萱《かや》の上に干しとりますから、仕事帰りに取りこんできます。お姑さんのよう分ってあるとこもありますけど、やかましいとこも多い。『お産のあと、お乳がでませんから少し休ませて下さい』て、お姑さんに言って帰ります。すると次の日、また山仕事着を着てありますもん。両脚こんなに腫れて。

　その家では前の奥さんが子癇で亡くなってありました。次の奥さんも血圧が高くて尿に蛋白が出ていました。『あなた、用心しなさらんとまた子癇が出ますよ』とお姑さんに言いました。そして心配してまた見に行くと、山行きの準備してありますのです。たけのこ掘りとか、しいたけ作りとか。とうとう寝ついてしまわれて……。

適度な仕事ならいいのです。でも山仕事はひどいですから。仕事がひどいのがお産前後のお嫁さんに一番心配でした。どこの家でもお米は作っています。でも、お産したらごはんは一杯、と言って姑さんがやんなさらんとです。食べたら足が腫れる、ちゅうて。腫れるのはそんなこととは違うて話しても、一杯しかやんなさらん。『食べさせて下さい』て、頼みましたけど、お茶碗出してなさっても『もうよか』ちゅうて、やんなさらんとです。

戦争からあと、どこも腹いっぱい食事はしておられました。お米は作りますから。ごちそうじゃないですから、妊産婦には『カルシュウムが足りないから、煮干しでいいから食べなさい』て、よく言いよりました。山では魚はたまに塩物の辛いのを食べるくらいですから。

お産前に診察してもらいに来るなどあまりないです。山の畠の仕事に出てあります。それでお昼の食事のときに廻って行きよりました。昼は畠から家に食事に帰られますから。また、雨降りで仕事に出られない日に廻ったりですね。そして、おしっこの検査やらします。試験紙で、自分で。血圧が高い方はたびたび廻って計ったり、先生に診てもらうようにすすめたりしておきます。

むかしはよく子癇がありよりました。わたしたちもはじめは血圧計を持ちませんでしたが、しばらくして血圧を計らないかんようになって……。でも日頃は血圧に異常がなくても、生まれるときになって、急に血圧に異常が出て子癇を起こしたり。

山村ですから月に四、五人のお産ですが、二七、八年はベビーブームで月に十何人のお産があったこともあります。そんな時は毎日は廻れんのです。沐浴も産後一週間は行って、産婦のしものほう消毒したり、お乳をマッサージしてあげたりしていました。でも二七、八年は毎日は廻れません。合併以前のわたしの村は山の中に点々と、五つ小学校がありました。私が廻ったのは、まあ、その範囲です。何しろ山ばかりですから、一軒の家へ一度で行ききらずに、途中で草の中で休んだことのあります。気分が悪くなってしばらく横になっていました。どんなときでも、迎えに来なさったら行きよりました。体の調子が悪くても。何かあったら責任がありますからですね。

田舎は何かとですね、食べ物も妊婦だからといって気をつけてやることもないのです。『煮干しをつまんで食べなさい。煮物をしながら煮干しを食べなさい』て、よく言いましたけど。それもなかなかで。その煮干しも田舎にはありませんでした。

戦後しばらくして産児制度についておしらせするようになって、『用具やら揃えとりますから、どうか見に来て下さい』て言っておくと、見える方もありました。そして避妊法教えてですね。

八女郡の助産婦会で地域の生活についていろいろお世話しますけど、それが何かと骨が折れて。地域のその方その方で考えが違いますから。避妊もきちんとわかって実行される方はよかったですけどね。一回教えとっても、また教えななららん方もありますし。

農家は炊事場が土間です。下駄で行ったり来たりで、水汲みやら、川でおふとんの洗濯したり、山でたきぎとったり、破けもんのつぎはぎで夜はおそくまで、朝はガスやらありませんから、早う起きて……。

『産後は米の粉の団子などを味噌汁にいれたのは乳の出をよくするから』て、わたしは言いよりました。でも、そんなの、嫁にしてやんなさるかどうか。いろいろです。

むかしは畳をあげてお産をしたそうですけど、わたしらの頃はそんなことはないです。初産は里に帰りなさるけど、次からはご主人がお湯やら沸かします。お産は畳の上に、ござを敷いて、ネマキというのを敷いていました。今のようにビニールやらないですから、ネマキはボロ布を縫い合せて厚手にしたものです。『ボロに熱湯かけて消毒して作っときなさいよ』と言ってですね。お産する家の方が用意しときます。

お産がすんだら、流れ川に行って、ネマキを踏み洗いして。それは近所の方が二、三人で洗いに行ってあげよんなさったです。そして近所の方に、うぶごはんといって、白ごはん炊いて、あげます。たいてい里のおかあさんが来て、手伝いしなさるけど、手伝う人がいないと近所の方がうぶごはん炊きもしよってでした。

うぶごはんは、わたしもよばれて帰りよりました。けど朝早かったりすると、あたしひとりだけ、ごはんよばれて帰りよりました。ほかの方は、あとでゆっくり。わたしは子供もおりますし、あとまた何があるかわかりませんから。

お産はいろいろで、逆子はむずかしか、て言いますけど、わたしは逆子は割とやさしくてね。お尻から出てくるから、手をそっと加勢してやったら、頭はぽっと出てきますから。先に破水しても異常ないこともありますし。ひとりひとり違いますですね。

お産で亡くなった方もありました。先生まで来てもらいましたけど。とうとう生まれんでおかあさんも赤ちゃんも……。

もう一人は入院してもらって、赤ちゃんだけ亡くなりましたけど、おかあさんは無事でした。

今は丹毒で亡くなるなど聞きませんけど、戦後は丹毒菌で亡くなる赤ちゃんもいて、いろいろ心配があります。農家はですね、おむつもたんびたんび取りかえたりしません。ただれてしもうて、まっかになって、病院は遠いし、電話はない頃ですし、やっぱりですね、心配があります。

戦後しばらく赤ちゃんが小さくてですね。食糧難で栄養は片寄るし、農家は仕事がひどいし。一〇年たって、昭和三〇年すぎからですね、食べ物も割とありますし、妊婦の体を大事にするようになってですね、赤ちゃんが大きくなりました。むかしの人とお産の考え方も違うようになって。

その頃お産のお金をその場でもらうことはあまりなかったですね。たいがい盆か正月かです。でも二回お産して、二回とも払いなさらんとこもあります。

わたしたち助産婦は税金を払います。出生証明書をそえて税務署に出します。お金はもらっとりません。て言っても、いつか入るでしょうと言って、引いてはもらわれんとです。『わたしは借金してまで税金は払いきりません。子供と二人、ほそぼそと生活するくらいのお金です』と言っても税務署は許しなさらん。子供が小学校二、三年生の頃、だまって税務署の人との話を聞きよりましたけど、そのあと、道でその方に会いましたら、『おかあさん、悪か税務署の人、悪か税務署の人ばい』て言いますとです。ははは。

ある家ではお姑さんがやかましか人で、ご主人も払いなさらん。お嫁さんが気にしなさるとです。『あなたの気持ちでよかけん』て言いましたら、こそっと、お米をやんなさったこともあります。

わたしは三〇代から膝が悪くなってですね。山道歩きますから。ひどく痛くなって病院行くと『あんた、仕事やめなようならんよ』ていつも言われて。でもわたしは『仕事しなければ食べられません』て言いよりました。まだ若かったからですね、こんなに悪くなるとは思いませんもんですから。

なんとか勤めてきましたけど、生まれたあと、小児マヒになった方があったりですね。どげんなんなさったろうか、て、よく思います。もう四〇歳になんなさろうか。生まれるときも時間がかかりましたですけどね、無事に生まれて。そのあとお里歩きしなさったですもん。お里、遠かったからですね。

帰ってきなさったら、頭をこう吊ってあるとですよね。首が坐らんて言って。『一回診察してもらいなさったがよかですよ』て言って……。そしたら小児マヒで。もう、かわいそうで、かわいそうで。よく思い出します。

いろいろでしたが、わたしも子供が高校を卒業し村を出て就職してひとりになりましたから、八女市の病院にかわりました。助産婦さんがやめられたので来てくれていわれましたから。すぐそのあと、里の隣村の星野村に母子センターができて、割と安くお産ができるようになって、ほっとしました。母子センターに一週間泊って、まかなってもらって、星野の方は星野の助産婦さんが、ほかの村は村の助産婦さんがついて行ってお産なさるのです。僻地ということで国の補助があって」

「小便するのと中絶と、どげん違うか」

福岡県では重点施策の一つに受胎調節をとりあげ、二七年当初予算から一〇〇万円を計上した。そして受胎調節の知識を県民に徹底させるために、一、五〇〇余名の指導員を養成することにしたのである。人口問題は全国的な急務となっていた。しかし県が指導員養成のために予算を計上したのは全国初の試みだった。海外移民や北海道入植などにも調査員を県から派遣しているが、受胎調節の知識の普及が人口問題の基本と考えられた。

県下の開業助産婦は約二、〇〇〇人である。これら助産婦を中心に、保健婦、看護婦、助産婦協会福岡支部とタイアップして、指導員講習会を受講させ、試験に合格した者に、有料指導員の資格を与えようというものである。これは出産件数の減少が助産婦の生活にひびくことを防ぐ意味合いも含まれていた。

こうした養成過程を経て指導員が各地で活躍しはじめた。この当時、助産婦たちの活動は他の女性一般が旧習にしばられているのに比して、新しい息吹に満ちていた。組織を生かし相互の情報交換も活発で、自活する女性として生活の中の文字どおりの指導者役を果たしていた。県では生活困窮者のため三〇万円の受胎調節指導料（一回一〇〇円）を予算に計上。集団指導は保健所や母親学校などを利用した。

大牟田市では困窮者に器具を無料配布。筑紫郡の保健所では一四カ町村の全家庭にスポンジを配布。一般にまず荻野式を説明し、コンドームとゼリーをすすめた。スポンジが好成績を収める場合が多かった。

知識層はともあれ、自分の月経周期さえ知らず、衛生意識もゆきとどかぬまま夫婦ともに働く家庭も少なくない。戦後筑豊の炭坑地域では女たちの坑内労働も復活していた。中小炭坑地区で助産婦として活躍した女性の個人指導は、個々の体質と生活に適した方法を、子宮の構造の説明からはじめて、成功させた。けれども、しばしば妊娠中絶を利用し、六回七回と中絶の回を重ねる者もいた。筆者の聞き取りには、夫が無関心で、「小便するのと中絶と、どげん違うか」と放言し、非協力的だと嘆く女性も少なくなかった。

二八年一月から六月までの県下の出生は四万五、九四四人。中絶は三万二、〇〇〇人。二〇年度一年間の中絶は四万九、〇〇〇人であり、二八年度の急増ぶりがうかがえる。

二九年にかけて地元の新聞もしばしば受胎調節のこまかな指導を記事とした。「西日本新聞」七月一七日付「受胎調節の手引き」には、九大医学部の教授による解説が出ている。内服薬による避妊はまだ実用の域に達していない時である。同解説は、日本人にとってようやく白日のもとで語られはじめた性、といった感がある。それは情念としての性ではなく、風俗としての性でもなく、制度としての性ではさらさらない。両性の生理上の自然が、性交を人格をともなうものとすべく語られはじめたのだった。荻野説の根拠となる女体の特質の説明、コンドーム法、ペッサリーやタンポン法、避妊薬による方法、そして現状での確実性の高い、しかしすでに子供を持っていて永久避妊したい場合の結紮法などが、費用や安全性をふくめて語られている。

同年九月三日、「ヤミ中絶はやめよ」という「西日本新聞」記事に、県衛生部の発表による受胎調節認定指導員は二、二四六名であり、実地指導員は一五八八名とある。そして母体保護の立場から、これら指定指導員の指導によって妊娠中絶を行うよう呼びかけている。

二四年当時、県下の中絶は年間一万三二八五人。出生は一二万三九五二人。二八年は中絶が年間九万一四一一人、出生は八万六五六六人と出生率は低下した。が、中絶は増加、ヤミの中絶は相当数にのぼっているとみられ、受胎調節による家族設計はなかなか生活に溶けこんでいかないのだった。県はモデル町村を指定した。

ある女性の結婚生活

次の聞き取りは大正五年生まれの女性の結婚生活。農家の長男の嫁の暮らしである。大穂久子、福岡市在住の女性である。

「そのころここは早良郡樋井川村といいました。今は福岡市城南区でビルばかりですけど、わたしが昭和一〇（一九三五）年に結婚したころは、一面にナタネ畠と麦畠だったんですよ。黄色いナタネの花が一面に咲いていて、八女郡から蜂蜜をとるお方が、蜜蜂の箱をもって毎年来よってでしたよ。箱を並べて蜜をとってでした。今はナタネも作らんし、レンゲの畠もないし、ここでまだ田んぼを作っているのは、わたしの所だけです。ほかのお方は、みな、田を埋めてビルを建ててマンションや店舗に貸しておられますけど。

その当時は、ナタネや麦のあとはずっと田んぼで。一軒だけが乳牛を置いて牧場してありましたけど、あとは全部田んぼだったんです。

わたしは二町二反の農家の、長男の嫁になりました。主人の両親と、祖父母と、小姑たちと……。わたしにとってのお姑《しゅうとめ》さんは後妻でございました。主人にとっては、ままははになりますけど。

そのお姑さんの上に、お姑さんがおられました。八二歳で亡くなられて、今年五〇周年でしたので、五〇年の法事をしましたんですよ。そのおばあちゃんが実権握ってありました。仕事でもなんでもできる方で、何もかも采配を振ってありました。さいふもしっかり握ってありました。

嫁は里歩きだけがほっとする時で、村の中では嫁はほっとする時はありません。そんなの、なかったです。嫁たちどうしで心ゆるして話すなんてことも、まるきりありません。もし、ご近所のお嫁さんにでも何か言ったりしますと、あれこれ大きゅうなって、あっという間にひろがりますから、なんにも言われません。主人にも話されん。主人がちょっとでもわたしに味方するようなこと言ったら、おかあさんと小姑さんとがものすごう反発しなさるとです。そいけん、言わんのって下さい、て主人にも口止めせないかんし、ただ耐えて耐えて、耐えてきました。二度ほど死のうと思うたことのあったとです。

わたしたちの村にはお薬師さまがあります。わたしの家のそばから丘を登った所に薬師堂があります。そこに一六軒の家が、まわり番でごはんをあげているんです。今も。

そのお薬師さまで『おなご通夜《づうや》』というのがありよったのです。まあ女の仕事休みの日ですね。わたしも結婚してお姑さんに連れられて、まんじゅう持ってその集りに行って、『どうぞよろしく』て挨拶しました。そのおなご通夜は正月と五月と九月でした。お当番の家からお茶とお漬物を出していただいて雑談するのです。一六軒のお姑さんもお嫁さんもみんな集ります。お年寄りのほうが多いとです。

その頃はお姑さんがよそへ行かれる時は、髪を梳《す》いてあげて結ってあげて、履物も『どれはいていかれますか』て聞いて、草履とか下駄とか揃えてですね、そして送り出しますとです。ある日、そうやってお姑さんをおなご通夜へ送り出してから、わたしも行きました。

そうしたら、その座でおかあさんが『うちは髪結うてくれん、下駄も揃えちゃくれん』て言うてですね。そんな、その日もちゃんとしているのに、みんなに、そげ言われるとです。残念で、つらくてですね。でも黙って聞いとらな、いけません。

そうしたら婦人会長やらしておられたお方が、『おみねしゃん、何言うとね。そげなこと言うもんやないよ』て言うてやんなさったとです。そのありがたかったこと。忘れられません。そのお方は私のお姑さんより、ちょっと年下ですけど婦人会で一緒に世話しておられた方です。口八丁手八丁でお嫁さんにはきびしい方ですけどね、あたしにはとってもありがたかったですよね。

朝早く起きて、かまどでカラシガラ（ナタネの茎を干したもの）をどんどん燃やしてごはん炊きよりましたが、二人の小姑さんが、わたしのあとから起きて来て、歯をみがきながらわたしの仕事をこうして見てね、そしてお姑さんへとどけられるんです。それがもう、情けなかった。赤ん坊のおしめやら干していると『きのうはおしめを籾倉の前に干しとったやないか』て言われる。シャツなんかと一緒に干しとったとでしょうね。

子供が二人三人とできて、里歩きしたとき、子供連れて里へ行きました。むかしから三夜泊りは悪いことのある、て言いよりました。もし三夜泊りしたら、自分の櫛か何か置いて来るといいいて言いよりましたのです。三泊はいかん、二泊か四泊、里帰りは。それでいつもは二泊で帰って来よったんです。

でもその時里の妹が『ねえちゃん中州の映画館にいい映画のありよるから、あたしが連れて行くから泊らんね』て言いますもん。それで三つ泊りして帰って来ました。そうしたら、お倉の前の入口で、入るとすぐ、小姑さんが玉葱をくっとられた。玉葱を沢山作っとりましたから、それを掛けて干すようにくくっとられたんだすよ。その玉葱を『お前どんは三夜泊りして来とろうが!』て言って、わたしに投げつけられたんです。その時も情けなかったですね。そのまま里に帰ろうかと思うくらい。主人もその仕事しとるんですけど、黙って何も言わないんです。『帰って来たか』とも。一言何か言うてくれたらと思うてね。そんなことが何遍あったかわかりません。

里帰りは田植えの終った時とか、お盆参りとか、小正月とかです。お姑さんから『自分の子じゃけん、みな連れて行かじゃこて』て言われるから、みな連れて行きます。五人おりましたから、五人連れて。

三三の時五人目の娘産みました。戦争終っていました。でもお姑さんがおられますし、むかしのままで、無理して無理して病気ばかりしてたんです。わたしは学校は一日も休んだことなかったんですよ。それが数えの二〇で嫁に来て二町二反の農家の嫁ですから、もうたいへんで。体こわして。

嫁には自由になるお金はありません。わたしたちは野菜を、トマト、キュウリ、ナスとかいろいろ作っとったとです。それを六本松から今の桜坂あたりまでリヤカー引いて売りに行きよりました。そのお金を全部はお姑さんに渡さずに、いくらかは自分の小遣いに持っとったのです。そのお金で子供の足袋やら買うてやることができました。

でも、おかげで主人が女遊びする人でなかったから、その苦労はしませんでしたけど。近くのお方で、遊廓遊びして財産なくされましたけど、そんなこともなくてね。その方、奥さんの着物や帯やらみんな質入れて遊びに行かれよりました。田んぼも売って。ほんと、奥さん、くやまれよりました。背は高いし、顔立のようして、もてたんでしょうね。立派な方でしたもの。

わたしは戦争のあともずっとお姑さんがおられましたから、さいふ握ったことないんです。息子が早く嫁をもらって、お姑さん亡くなられましたのは、わたしが三四年に子宮がんの手術して退院したあとですものね。それからがやっとほっとしてですね。むかしの嫁は子供を喜ばせることができませんでした。末の息子が高校生になって『おかあさん自転車買って買って』て言いますけど、わたしの思うようになりませんし。つらかったですね。主人が亡くなったらすぐに嫁にさいふが渡りました。息子も嫁に渡すていいますから。

でも今は年金がいただかれますし、小遣いは息子たちがやりますし、不自由しません。旅行に行ったり、むかしのおばあちゃんは仕事も多かったんですよ。籾干しがおばあちゃんの仕事だったのですもの。

今は乾燥機もあるし、何も彼は機械化されて、よしあしですけど、むかしのおばあちゃんいうたら骨折ってあったですね。籾干しは日影になったら、その籾干しを畳んで日の当たる所へ持って行ったり、おばあちゃんだけの寄り会《え》はお寺参りでした。片江のずっと登ったとこにお寺があって、そこにお年寄りが春と秋でしたか、永代経とかあって、いっときは嫁がごはん炊きに行きよりましたけど。おばあちゃんたちの寄り会《え》はそのお寺参りだけだったようですね。戦後です。

昭和三五、六年ごろからでしょうか。時代が急に変りましたでしょ。嫁の立場もいいですが、年寄りもよくなりましたもの」

第7章　娼楼の灯を消す

1　朝鮮戦争と基地の町

「夜の女」と戦争

朝鮮戦争が起こりそうだという話を県下の者はよく交わした。昭和二五（一九五〇）年の春ごろである。生活は一応の落ち着きをみせていたが、社会全体に晴れやかさはまだなく、その噂は直ちに空襲を連想させた。

そして六月二五日、朝鮮半島を南北に分断していた北緯三八度線で戦闘が始まった。朝鮮半島は日本の敗戦直前に参戦したソ連軍の進攻によって、三八度線で南北に分断された形で解放され、北はソ連軍が、南は米英連合軍が信託統治する形となり、それぞれ単独政府が樹立されていた。その軍事境界線で火を噴いた。韓国の首都ソウルは陥落、北朝鮮の軍隊は南下しつづけた。

アメリカ政府は朝鮮への地上軍の派遣を決め、在日アメリカ軍が出動。中国政府はアメリカ軍を主力とする国連軍の攻撃を、中国の安全にたいする脅威と警告して、軍隊を投入した。三八度線の攻防が双方に多大な犠牲をおよぼしつつ展開した。

福岡県はアメリカ軍の前線基地となった。福岡市の板付空軍基地をはじめ北九州の町に、警戒警報が発令され燈火管制が敷かれたこともある。アメリカ軍が釜山近くまで敗退しては県民をおびやかし、米軍の反撃が成功して三八度線を北進中と聞けば安堵感を持つというような、隣接した地としての緊迫感下にあった。板付基地や博多港埠頭は地元民一般の立ち入りが禁止された。埠頭からアメリカ軍の死傷者を荒戸町の米軍ホスピタルへ運ぶトラック群が、連日つづいた。占領軍の労務者として働く市民を通して、死傷者の惨状が市内に流れた。戦死者はドライアイスで保護して福岡の基地へ連れもどし、傷を縫合してアメリカ本国へ送っている、とその風習が伝えられた。死傷者の員数さえ流れて来た。

博多港埠頭から絶えまなく米軍は出動し、武器が運ばれた。玄界灘に面した蘆屋も米空軍の基地と化した。死傷者はここにも運ばれた。武器弾薬が輸送され、兵士も出動した。日本人労務者も増え、米兵相手の女のハウスが激増。相愛の兵士を戦地へ発たせる日本娘や、同兵の戦死を嘆く日本の女の姿を身近にするようになった。小倉や、和白、春日原その他基地の町はいずれも同様だった。一般市民の、これらの女性にたいする感情が微妙に変化した。

米軍兵士と日本女性との結婚の正式認可の道が、朝鮮戦争開始の九月に開かれた。久留米市の二三歳の娘と、サンフランシスコ出身の兵士との国際結婚がようやく認可された。「近くベビーをつれて新居へ」と「筑後娘とＧＩさん」の「国際愛物語」がこまかに報じられた（「西日本新聞」昭和二六年一月一三日付）。

敵兵から占領軍へ、そして一人の人間性あふれるアメリカ市民へと、県下の一般市民は、「夜の女」と呼ぶ女性の生き方を通して、軍国時代につちかわれた他民族への偏向を解きはじめた。また朝鮮戦争と呼んだ動乱の片鱗を、米軍死傷兵のなまなましい噂話や、とりすがって泣く「夜の女」の心情に垣間みつつ、「国境を越えた愛」の所在を半信半疑で感じはじめた。日本の「キンゼイ報告」ともいうべき男女の性生活の実態調査が、はじめて厚生省人口問題研究所の一技官によって完成され、ワシントンの人口学会に提供された（「西日本新聞」昭和二六年三月九日付）。敗戦後の国家観・家族観の是正にともなう性観念の混乱と、ようやく認可された産児制限や妊娠中絶などの女性の性を考慮した性生活の開始が、日本人全体にどのような反応をおよぼしているのか、調査は一、五〇〇人の面接者のうち六三〇人を選んでまとめられた。東京の山の手と下町、農村、山村などを一技官が少ない予算と一部の妨害を押して、二年間にわたって調査したもの。これによると結婚の形式は恋愛が四〇％と、戦前の一五・三％から大きく伸びている。

結婚相手に純潔を望むものは、女性は戦前が五六％に比し、四六・六％となり、「性病さえなければよい」「多少遊んだ方が技巧を知っていてよい」がいずれも一〇・七％。同じく結婚相手に「処女を望む男性」は、七〇％。「望んでも無理」が二〇％。

世上では公娼の呼び名は廃止されているが、赤線、青線地帯が繁栄していた。そして朝鮮戦争にともなって激増したアメリカ軍の慰安施設に平行して、戦地帰りの兵士を慰安する市民営業のバーやホールが開かれ、「夜の女」もふえた。朝鮮での動乱が半島の南部から北方へ移動し、その場で固定化をみせるにともなって、県下には安堵感がひろがった。同時に戦争景気が町々に活気を呈しはじめた。米軍キャンプから流れてくる物質もふえ、一般の手に渡った。

「福博奴隷の街の実態」（「西日本新聞」昭和二六年九月二〇日付）は、「児童福祉法」も「改正刑法」も「職安法」も無視する人身売買常習者たちによって売られ、金と暴力にさらされている、主として青線内外の少女たちの実態である。厳重な監視とリンチによって被害者たちの口は封じられている。前借金は一万円から三万円が相場。ひどいのはわずか三、〇〇〇円で五年の契約。食費その他と借金がかさみ「知らぬ間に数万円の借金を負わされていた例」もある。いずれも一〇代の少女である。

止まらない人身売買

「女を賭けて花札トバク」とか「売られた女学生ら三一人」とか県下の新制中学生の売買をふくむ人身売買組織の健在ぶりと、性病のひろがり、街娼の増加などにたいして「売春取締条例」を必要視する声が各市町であがった。先に記したように占領下の政府は条例が作れない。地方自治体で独自に作りたいというのである。「売春条例の制定は是か非か」という紙上討論が地元新聞に掲載される。ついに小倉市が同条例を敷き、粕屋郡和白村でも一足先に「売春条例」を制定した。和白村は戦前までは玄界灘にのぞんだ静かな農漁村だったが、米軍基地の設置とともに白砂の松原に「鳩の家」が出現、女が出入りした。ヒロポン密売などの巣窟も生じた。同条例では売春のための勧誘や客引きを禁じ刑を定めた。また斡旋や場所の提供も禁じ、同じく懲役又は罰金刑とした。

ところで、県では、米軍博多キャンプ司令官の申し入れで、街娼を取締るべく一二月二二日の県議会で「風紀取締条例」を可決した。翌二七年六月から施行することにした。西日本地方初の県条例となった。この時売春とその関連行為の取締りにたいして、売春の場所提供者をも取締りの対象とするかどうかが、県議会で論議の焦点となったのである。赤線、青線の特殊飲食店業者（旧貸座敷業者・旧三等料理屋・戦後の特殊料理屋・飲食店など）から、営業権生活権をはく奪するものという強い反発が入ったためである。

県議会では特別委員会で検討し、「風俗営業取締法」にもとづいて許可をうけた業者とその従業婦はこの条例から除外する、ということにした。そして同業者らに認可手続きをとらせるべく、六カ月間の施行猶予期間を設けたのだった。

こうして結果的には、戦前の、地方行政による公娼認可と共通した売春制を、実態としても規則としても施行することになった。

また一方では、対日講和条約が発効して日本の主権が回復すると、ポツダム勅令を失うので、公娼廃止に関する件も問題となってきた。これまでくりかえしたように、連合国軍最高司令官の覚書にもとづいて制定したポツダム勅令第九号「公娼廃止に関する件」は、法制定までの緊急措置である。政府は「売春等処罰法案」を昭和二三（一九四八）年国会に提出したが、更生に関する条項がないという理由で審議未了となっている。

これにたいして女性議員や矯風会、各婦人団体、政党婦人部などが公娼制度復活反対協議会を組織し、一〇〇万人の署名を集めて勅令第九号を国内法とする運動を起こしていた。また業者たちは特殊飲食店街を公娼制地域として性病予防と風紀是正に当てようと、公娼制度復活への激しい運動を展開していた。

二七（一九五二）年一月一〇日、福岡県は昨年末に県会で議決した「風紀取締条例」をこの日に公布、六カ月間の猶予期間をおいて県下全般に施行するというので、県婦人懇話会員や婦人代議士などが、赤線である特飲街の見学を試みた。この条例は「売春の目的をもって公の場所で客引きをしたものは五千円以下の罰金または拘留。この常習者は六月以下の懲役または二万円以下の罰金に処する」という条項が骨子となっている。が、先にふれたように、特飲街、つまり赤線、青線は風俗営業の許可を受けることで除外することとし、その認可申請のために六カ月の猶予期間を設けたのだった。

この特例をともなう「風紀取締条例」が施行されると、規則上からもかつての公娼制度再興と同様な情況となることを、婦人懇話会をはじめ誰もが危惧した。「西日本新聞」の当日の記事には、その危惧があるので、「クルワの偽らぬ姿をつかもうというねらい」で福岡婦人懇話会員や代議士の福田昌子、婦人少年局の山田アヤ、そして、九大文学部助教授・高橋義孝が新柳町の「一楽」に午後七時から出向いたとある。

「鏡の間、虹の間などいたれりつくせりの施設に通され、さすがのご婦人連も感嘆しきり。高橋先生だけは来るのじゃなかったという風に苦りきった表情」で、一行は従業婦から客の半分は招待された官吏や業者であることや、女たちの勤めのつらさなどを聞いた。福田昌子代議士の感想に「一般の家庭に遊廓でみられるようななまめかしさがないため、男が遊里に通い始めるのではないか」とある。ドイツ文学者の高橋義孝は「ここにも日本全体に通ずる薄ら寒さがみられる。私は公娼制度にも街娼にも大反対。その代り性生活そのものがもっと明るいものになればいいと思っている」と語っている。そして両氏ともに後日短文を同紙に寄せた。高橋義孝は世俗の性にほとんど関心を示すことなく短文をつづり、福田昌子は「妻として女としての反省」を求め、家庭生活にゆとりがなく「ぬかミソくさくなる」のをいましめている。公娼制の不変さの意味を問うこともなく、妻たちに遊廓なみのなまめかしさを求める女性代議士の意見は、両性の自由と平等からはほど遠い。ともあれこうした意識が戦後七、八年ごろの県下の指導的立場の男女の意識だった。

二七（一九五二）年四月二八日、「対日講和条約」発効。「売春等処罰法案」が同年の国会に参議院議員の宮城タマヨらによって提出され、審議未了となった。これには売春行為自体も取締対象とし、特飲街の一掃、人身売買禁止が盛りこまれていた。

二六年七月から二七年六月までの一年間に発見された全国の人身売買は、年少者だけで一、四八九九人。前年の約二倍となった。出身地のトップは栃木県で一二六人、二位山形県一二〇人、福岡県は三位で一〇八人。しかしこれは発見件数にすぎない。

受け入れ側では福岡県の一六〇人が全国一位。接客婦、酌婦が最多である。親によって売られた者が六〇%を占める。ブローカーの手数料は五〇〇〇円から四万円。労働省婦人少年局の調査である。

二八年は台風による水害が福岡県の各地に出た。また冷害による凶作で人身売買は前記一年間の数をふえる気配が見られた。身売り先の筆頭である赤線地帯も不景気で、引き受ける楼主も減り、「外娼」増加の傾向となった。米軍キャンプ地近郊がにぎわう。

この先の七月、朝鮮で休戦協定が調印された。朝鮮は三八度線で分断され、半島の南北対立が固定したのだった。韓国からの密航者、ことに子供が多くなり、この七月も玄界灘付近で韓国人の少年少女一三人が乗った船が発見された。

2　売買春の禁止へ

女の肉体の商品化

二九（一九五四）年五月一〇日、第一九特別国会に「売春等処罰法案」が提出された。提案者は神近市子、山口シズエ、福田昌子など衆議院の女性議員全員と各党の法務委員である。

この法案は、昭和二三年の第二国会に政府が提出して審議未了となった法案、および二八年の第一五国会に参議員の宮城タマヨらが提出して審議未了となった法案を修正したもので、赤線、青線の地帯の撤廃を主眼とし、客引きや場所の提供者に売春当事者よりも重罰を科した。また売春料の上前をはねた者には、それよりも重い罰を科した。施行は公布の日から三カ月後として業者の転職期間を設けたものである。

これまでも国会に提出された同種の法案は、男性議員によって茶化されてきた。また、「良家の子女の防波堤として必要」だと、赤線、青線業者の団体である全国性病予防自治会の反対運動は活発だった。今回も業者の全国集会に出席した代議士は防波堤論を演説した。けれども同法案の提出に関して宮城タマヨは次のように語った（「西日本新聞」昭和二九年五月二五日付）。

「このたび衆議院婦人議員団が、さきに私達の提出したものとほぼ同じ内容の処罰法案を提出しましたが、私はこれは非常にデリケートで、むずかしい問題なので、できうるならば議員提案ではなく、政府提案のかたちとして出したく思っていました。本年一月内閣に官民合同の売春対策協議会ができて、目下多角的に案を検討しており、来国会にはおそくともこの政府提案が正式になされるべきだと信じております。

この法案には常に賛否両論が対立し、あるいは社会の必要悪といい、また処罰の効果なきことなどを理由に、反対論が有力です。こんどの法案の重点は、第七条に規定してあるように、売春行為をした者よりも、させた者に処罰が重くなっており、赤線青線地域の根絶を期しているところです。処罰が悪徳業者に向けられるのは当然です。しかし残念ながら、日本の現状では業者を取締るには三位一体となっている組織のため、どうしても女をその中にふくめねばならない。そこで私は初回の執行猶予には保護監察をつけ、女たちを救うことを提唱してきました。全国の保護司たちによって、あるいは職をあたえ、家をあたえなど善導さすべきです。いまの社会情勢では、ただちに売春をなくしてしまうということは無理でしょう。法案にいくらでも抜け穴があるとしても、投げてしまうことなく、『売春等処罰法』をはっきりと打ち立てることは、それだけですでに意義があり、そこから出発して、一歩一歩目的に向かって、地道に前進すべきであると思います」と。

敗戦直後に占領軍によって民主主義の理想に反するとの理由で公娼制度が禁じられた折に、日本人の大半は男が女の肉体を買う制度の存在に疑問が持てなかった。政府は公娼の組織を温存し、公娼私娼地域を行政上の黙認地帯とした。いわゆる赤線地帯である。黙認されれば当然のこと付近には類似の家が軒を並べる。これが青線地帯となってふくれあがった。

そしてその他に待合や芸者置屋など売春黙認の業種が繁栄している。これらの業界への人身売買は戦後の生活が軌道にのるに従って増加した。特飲店に妻子を売ることを罪と思わぬ男が、あとを絶たない。福岡の住吉神社前の派出所に、夜中の零時すぎに駈けこんだ一八歳の娘も実父の手から逃げ出したものであった。

ところで『売春等処罰法案』は、第二〇臨時国会へ継続審議となったが審議未了。さらに第二一通常国会にも提出されたが、衆議院の解散で審議未了となった。世間一般の同法案への関心は強くない。が、業者の反対はすさまじいものがあり、議員へ働きかけるとともに、従業婦を組織して生活権擁護という理由で反対運動にとりこんだ。

県下の赤線、青線は、官界財界の接待用の高級店から労働街のあいまい宿まで安泰であり、同法案に業界がゆらぐ気配もない。他方で一般家庭の女たちも、無関心だった。

同法案の成立は宮城タマヨ談にもみられるように、赤線、青線の従業員である女たちの処罰もふくんではいたが、それらの女性の解放を目的とすべく、売春組織の解体を主眼としていた。

女の肉体の商品化を社会が禁じ合うことは、人権確立の基本である。売春婦の処罰自体が目的ではない。同法案の提出者たちはくりかえしそのことを語った。そして男たちの嘲笑を買っていたのだ。

商品化の要因は時代とともにさまざまに県下の少女たちにも打ち寄せた。

敗戦後は復興のためのエネルギー源としての石炭とともに、赤線が求められた。その石炭増産体制が整い、さらに朝鮮戦争による特需も重なって、二五、二六年と産業界は活気を呈した。炭坑も景気がよく、鉄鋼業も好調だった。赤線、青線が拡大した。ところが二七年朝鮮戦争が停止、石炭も鉄鉱も不況となった。野積みされたままの石炭が、ヤマ元にも積出港にも堆積した。二八年には出炭制限となった。中小炭坑は人員を整理し、閉山に追われた。また同年の台風による大水害と冷害は県下の農村に影響を与えた。炭坑不況と水害、冷害が重なったのだった。たちまち人身売買のブローカーが暗躍した。労働省婦人少年局では九州七県を二九年度の不当雇用防止地区に指定した。つまり人身売買防止地区に指定したのである。

九州各県ではパンフレット、ポスター、宣伝カーなどで、人身売買防止を呼びかけた。また、中学在学生と、卒業後の一八歳未満の子女の調査に入った。集団就職のすきまを縫って、甘言でもって特飲店へ売りとばす。また就職先から誘い出して売る。こうした売買を未然に防ぐべく身辺調査をしたのだった。

人身売買は連日の如く報道される。たとえば、田川郡を中心に娘たちをたらい回しに売りこんでいた九人の男女が逮捕された。一六歳の娘を特飲店に売った父親は不況下の生活苦のためだった。妻を特飲店に住みこませた失業中の男は、さらに一六歳の姪を売った、などと。

福岡県警察本部は内定を重ねると、六〇〇人の警官を動員して、一〇月七日の午前七時を期して県下いっせいに人身売買ブローカーの検挙に入った。福岡市で六四人、八幡三〇人、戸畑一四人、飯塚二一人、田川一七人、直方一六人、北野一六人などと各地で検挙、同日の午後一時現在で三〇九名にのぼり、なお検挙がつづいた。「炭坑不況につけこむ悪質さ」で、いずれも仕事の世話を口実とし、共謀で特飲店に周旋、前借金を分配している。

この検挙後もなお、福岡市内外で一七歳の娘二人と一九歳の娘一人をふくむ一〇人の娘たちを誘い出し、県内外の特飲店に売ったブローカー二人が検挙された。

大阪生野署は九州の炭坑地帯の少女八八人をふくむ二九七人の女を売買していた男女を逮捕した。九州の被害者はいずれも賃金未払いのヤマの少女たちである。

これらは新聞記事の一端にすぎない。これ以降、石炭業界は減炭につぐ減炭にみまわれるのである。そして働いた賃金すら未払いのまま、退職金もなく、再就職先もなしに、政府の石炭政策によってつぎつぎに閉山に追われることになる。親たちの生活基盤の、政策的な壊滅過程で、未来ある少女そして少年たちが個々にひっそりと売買の手にかかった。

制度の中で苦しむ女性の救済

少年犯罪はいぜんとして増加し、悪質化の傾向が強く、県下の犯罪数は二九年度の全国の同犯罪の二二%を占めた。検挙補導人数六、六〇〇余名、その半数が一四歳から一八歳である。

その中で性犯罪は昨年の三倍となった。

福岡市内の高校三年生一四名は、中学三年の女生徒八名と市内旅館を泊り歩き「集団桃色遊戯」にふけっていた。

市内高校一年の男子生徒は女子高校一年の女の子と家出、市内簡易旅館に宿泊していたが、宿泊代に困り女の子の父親を恐喝。その他強姦も多発している。

これら一〇代の性にたいして、社会には成人教育や成人学習の必要こそあれ、精神的支柱となれそうなものは見当たらない。連日のごとく人身売買は耳目に達し、野放しの特飲街は目にあまる。売買ブローカーの県下一斉手入れはくりかえされた。しかし、三〇年も筑豊の不況は深くなるばかり、五月の一斉手入れでは児童七〇名が売られていた。また売られた成人の女の三人に一人は子持ちであった（「西日本新聞」昭和三〇年五月二八日付）。

筑豊がこうした情況にあるとき、たまたま鹿児島県で女子高校生たちを土建業者が制服のまま客席に供した事件が起こった。松元事件と呼ばれ、国会で女性議員が追及した。

この事件は中学生三名、高校生三名、定時制高校生二名の計八名の女生徒をあざむいて、制服のまま客に供し、泣き叫ぶのを犯させたものである。地元名士や一部の新聞社も関連していた。そのため報道がおくれた。また同事件は汚職がらみの供応であった。

事件が洩れて真相が追及された。しかし検察庁は汚職の調査中を理由に、人身供応は闇にほうむらんとした。これにたいして、地元の鹿児島大学の学生が「売春禁止法」制定を求めて、活発な運動を起こした。地元婦人団体も加わって運動がひろがった。東京大会では神近市子が、松元事件を突破口として「売春禁止法」を戦いとり、売春のない文化国家にしようと演説、同法の即時制定を決議した。

そして六月一四日、「売春等処罰法案」が、党派を越えた国会婦人議員団の共同提案として衆議院法務委員会に提出された。市川房枝、神近市子、福田昌子らがくりかえし各党に足を運んだ結果、同法案に不本意な保守党も、婦人議員による提案は自由と了承したものだった。しかし業者を強力な地盤とする保守党議員もいて、当初から審議は難航した。

同法案は売春根絶のため、業者および売春の相手をも処罰の対象とした。また業者へ融資した銀行や金融業者も処罰の対象としている。

審議は与野党の攻防で混乱、特飲店業者らの保守党への政治献金の噂もとびかい、これを指摘した神近市子の演説は怒声で中断した。神近の法案賛成演説には「教育や家庭の平和を破壊し、民族をも破壊しようとしている売春にたいし、これを取締まろうとする法案を否決される保守党のみなさんは、こんご民族のために何をなさろうというのでしょうか」とある。

一九日夜一一時すぎ、衆議院法務委員会では起立採択に入り、一八対一〇で否決。

これにたいして、福岡県では九州大学助教授・城野節子が新聞社のインタビューに応じ「女性の立場からでなく、ひろく人間として、一部分に弱い面を持つ人たちを社会が救ってやらなければならないはずです。法案はそのため第一歩として成立すればよかったと思います。否決理由は口実にすぎないし、業者が金を使って政界を動かした話を聞くと、誰のための政治かといいたくなります。今後女性は冷静な運動で、男性の一人でも多くの協力を得て、根強い運動を展開せねばなりません」と語った。

鹿児島大学教育学部三年代表、二〇歳の学生は「売春禁止法が流産するというのは国の恥だと思います。業者が反対運動に躍起になっていたと聞きますから、汚職議員も抱き込まれたものと思います。悲しい知らせを受けた上は、こんごの地道な日常の啓蒙運動を通じて国民運動にまで盛り上げ、日本から売春行為を追放しようと決心しました」と語っている。

福岡県婦人少年室長山田アヤ。「いままで売春禁止法が第二国会いらい何度も流産のうき目にあって、いまだにあんな施設があることは文化国家として国辱的なものです。売春は女の人権を無視、商品化したものだという世論がヤマとなり、松元事件もあって、世人の関心も深く、注目していたのに否決とは残念です。理屈はどうあろうと、あんなものが悪であることはわかりきったことです。法案ができたからといって、すぐ解決できる問題ではないが、いけないという考え方の大本を示し、この旗印のもとに進むための拠り所としての禁止法だったのに。今後も一そう世論を盛り上げて、婦人団体はじめ男性の方へも呼びかけて力を結集しなければなりません。が、まず政府として、制度の中であえぎ苦しんでいる女性の救済に早急に手をうって貰いたいと思います」と、県下の売春の実態を知る立場に立って答えている（「西日本新聞」昭和三〇年七月二〇日付）。

この委員会での否決は翌々日の衆議院本会議で報告され、神近市子、山口シズエの否決反対論、民主党員の賛成論ののちに、記名投票によって採決され、否決賛成一九一、反対一四二で、否決が決定した。

「売春防止法」の意味

売春禁止法案の否決後、内閣に直属している官民組織の売春問題対策協議会は第一一回総会を開いた。三〇年八月九日のことである。五時間にわたる激論の末に、「売春などの防止および処分に関する要綱」を決定し、政府に答申することにした。

これは、売春は違法行為であるという原則を打ち立てることを第一目標とした。ついで、売春婦を保安処分とし、更生対策や転落防止を行う。したがってこの法律は、その内容も実施要領も少年法と類似する、というものである。

要綱は売春婦の処罰が中心となっている。しかし処罰が主要な目的ではなく、防止や更生が主眼である、とした。いわゆる「保安処分」である。強制収容を要する常習者は、婦人矯正寮を新設してこれに収容する。その他の者は、婦人保護寮、婦人更生寮、婦人ホームなどを新設して収容する。収容するがこれらの処罰は前科とはせず、保護監察とする点、少年法と同じである。他方、売春をさせることを業とする者、客引き、上前をとる者などは懲役や罰金などの、刑罰とする。以上のように同要綱を定めた。政府はこれら答申を参考にして売春対策を練る。

この要綱は先に否決された法案が、売春業者への融資をもふくめて売春業を根絶しようとした姿勢とは、大きなへだたりがある。

同要綱が政府に出されていくばくもせず、福岡新柳町の旧遊廓、現赤線地帯で、女たちが労働組合を結成した。新柳町料理店業婦組合である。

八月二九日、新柳町特飲街の従業婦五七〇名は組合結成大会を開き、組合規約を決め、組合長、評議員など役員を選出したのちに業者組合と団体協約を調印したのである。前時代的な雇用関係の精算が柱であった。赤線の料理店は業者と従業婦が共同経営すべきもの、という考え方を示した。

この組合結成は、この年の二月に小倉市の特飲街従業婦が待遇改善を求めてストライキをしたのがきっかけだった。重ねて国会での「売春等処罰法案」の攻防そして否決を見守っていた従業婦たちが、店々の女たちの頭取を中心に会合を持った。こうして従業婦みずから組織的行動に一歩を踏み出したのである。従来なら、その気配がみえただけで暴力がおよんでいた。けれども松元事件以降、社会全般の反応は業者にたいして厳しくなっている。虹の間、鏡の間で外観を整えている特飲街にとって労働組合など不粋きわまりないが、対応いかんでは集中攻撃をも受けかねないとあって、業者は労働協約の調印にふみきったのだった。自覚的な従業婦が自分たちの現実を労働としてとらえ、人権の尊重を求めたこの組合は、業者によって組織された従業婦組合の目立つとき、特異な存在となった。そういう意味で、全国初の組織として評価された（「西日本新聞」昭和三〇年八月三一日付）。

新柳町料理店業婦組合はのちに福岡県従業婦組合に発展した。同組合長は新柳町の旧遊廓で金の成る木といわれ、戦争中に一七歳で四国から売られて来た女性である。高等小学校卒。年期中に両親が相ついで結核で亡くなった。小学生だった弟も死亡。いずれのときも帰宅が許されなかった。こうした個々の歴史を無視し、商品視してきた業者の中での、初めての人権宣言だった。

そして同じく三〇年の一〇月、最高裁が未成年者の人身売買に関する前借金は無効という判決を下した。これを機に、県下では四カ月前に三〇二名の女が廃業した。悪質な特飲店主四五八名が検挙された。

こうした特飲店の女性たちの動きに対して、県下の婦人会連絡協議会が動き出した。同会および西日本婦人懇話会など、福岡市内の八婦人団体が協議し、従業婦たちの更生施設の設置請願を、県および県議会に提出することにした。三〇年の一二月六日、婦人少年室で協議決定したのだった。

福岡県婦人少年室の調査では、県下の売春業者数は二、六二〇、従業婦は一万四四〇〇名ほどで、半常習的に売春を行う者一万五〇〇〇名である。この女たちの中から婦人少年室、警察、婦人団体などへ助力を求めて駈けこんだ女性は、二九年七月から一二月までの半年間に六三名いた。更生への相談件数は四六件。

これにたいして県内の従業婦救済施設は、婦人寮が福岡市に定員四五名、戸畑市に三六名の二カ所だけである。これでは自活更生機会をみすみすのがしてしまう。婦人団体では三一年度の県予算に更生施設費の計上を強く要望したのだった。

ようやく福岡県の女たちの中に、「良家の子女」とその「防波堤」である娼婦という区分が、女みずからの意識を問うことで薄れはじめた。全国的にも「売春禁止法」を求める動きは強くなり、政府はついに、三一(一九五六)年五月二日、第二四通常国会に「売春防止法案」を提出した。超党派的な婦人議員団のねばり強い運動の成果だった。

しかし、売春業者の反対運動は凄まじくなった。全国性病予防自治会の名の団体でもって、立法化阻止のために全国の業者、従業婦一〇万人が自由党へ集団入党をはかり、世論の非難を浴びて中止。全国から莫大な運動資金を集めて関連議員に寄付し、国会の反対運動を支援した。

しかし政府提出の同法案は、第二四通常国会でようやく成立し、五月二四日に公布された。

同法は売春に関する各種の刑事処分と、女性の保護更生の二本柱によって構成された。保護更生規定を三二（一九五七）年四月一日から、刑事処分は三三（一九五八）年四月一日施行とした。この三三年の全面施行以降、業者の営業は禁止される。

しかし業者は法実施の延期をはかり猛運動を展開した。自民党はこれに対応する風紀衛生対策特別委員会が設置された。やがて全国性病予防自治会名の業者団体から、多額の金が同党代議士の数名に贈られていたことが発覚。こうした売春汚職や各地の暴力沙汰をともないながら、同法施行までの二年間に、従業婦の更生がはかられることとなった。

全国に婦人保護施設がおかれた。各県に婦人相談所を設置し、ここに行き場のない女たちを一時保護する施設を設ける。また都道府県や市に婦人相談員を置いて相談に応じ、指導を行う。さらに婦人寮や授産所などを設けるのである。

『日本婦人問題資料集成』第一巻人権（ドメス出版）には、当時の情況が次のように記されている。

「法の後半の保護更生規定が実施された当時の、基地を含む組織売春は一六三四地区、業者数は三万五二八三、従業員数は一〇万二七五二、ほかに散娼が二万九九八一、売春婦と呼ばれるものの数は合計約一三万三〇〇〇（婦人少年局調）と推定された。これが調査可能であった範囲の数である。少なくともこれだけの数の従業婦を更生させ、業者の転廃業を図ることは相当な難事業であった」

また、後年のことになるが次の如く記されている。「とくに、保護を要する者のうち、精神的障害のため社会生活に復帰できないものも少なくないため、長期収容施設（コロニー）の必要が生じ、一九六五年四月に至り千葉県に『かにた婦人の村』が開設された。しかしここでも年月の経過するにしたがって収容者の老齢化の問題が起こり、一九七八年三月、特別養護棟が増築された」と。

福岡県では同法成立当時、業者数二六二〇。従業婦数一万四四六三人であった。街娼をのぞく数である。これら女性たちの相談員が三二年一月、福岡県の婦人相談員として八名採用され、県福祉事務所に次のように配属された。福岡福祉事務所に一名、北筑前福祉事務所に一名、嘉穂福祉事務所に一名（これは鞍手福祉事務所と兼務した。嘉穂地区は飯塚市、嘉穂郡、山田市を担当。鞍手地区は鞍手郡、直方市を担当。特飲店の従業婦の人数に応じて割当てた。のちに、鞍手福祉事務所担当を県に要求したが通らなかった）、遠賀福祉事務所に一名、同じく田川、京築、南筑後、両筑福祉事務所に各一名である。

そして同時に、特飲店の多い市町がそれぞれ非常勤の婦人相談員を採用、合計二七名が任命された。その中で福岡市は、公募に応じた百余名にたいして筆記試験や、ベーベルの『婦人論』への感想文、面接、身体検査などを行って四名採用した。田川郡では九カ町村から数名ずつ候補者を出し、さらに九名にしぼって面接、一名採用。田川市も同様の手順で一名採用というように、郡および市など各福祉事務所所属の非常勤職員として採用、直ちに活動をはじめた。

婦人相談員の仕事内容は誰もが初めてのことであり、手探り状態だった。その上「当時はもう危くて。みなさんの援助がありましたけど、業者が血まなこになって妨害しました。パンフレットなど作って、彼女たちが保健所に検診にきているときに、来年の三月であなたたちの仕事がなくなるけど、どうなさいますか。あたしたち相談員がいますから福祉に来てね、といって渡していると、業者が、いらんことするな！　わしが転職して使うんじゃ、といって。従業婦は業者を、おとうさんおかあさんと呼んでいるわけで、その人たちが後ろにひかえているので、ぜんぜん……」という反発的なふんいきだった。

福岡市の婦人相談員として活躍した小河エイも「当時、一番頼りにしていた地婦連は、自分達は赤線が防波堤と思っているので廃止は困る、とそっぽを向かれました。ましてや男性においておや」と記している（『売防法と共に』第二集）。

婦人相談員たちはしばしば身の危険を感じた。業者は転職をしぶり、女たちを解放しない。多くは旅館に転じてそのまま女を仲居として残すという。売春は潜在化した。

当初の相談員の一人は語る。

「尾を引くのですね、くりかえし、くりかえし。売春は法的には消えたのですけど。売防法でやめるときにいくらかのお金を業者に渡して縁を切った方と、転職でトルコぶろに行って、ずっと関係を引きずっている方と……。やめると同時に、たいがいヒモがついていまして。ヒモといっても、なじみ客でね。

けど、まあ、だいたい何かの形で片がつきました。里に帰るとか。よその土地から来ていますから。従業婦に地元の人はいないです。なじみ客と結婚した方もいます。

表向き売春は消えて、陰の潜在売春がはびこってきたんです。特飲店の女中さんとか、バーのホステスとか。そんな売春はとめられないです。市内に、ずらーっと、そんな飲み屋が並びましたもの」

婦人相談員は昼も夜もない。売春を未然に防止するのが役目である。女たちは夕暮れ、ひょろりと相談にくることが多い。話を聞いたあと、福岡市にある県の婦人対策相談所に連れて行く。ここにしか宿泊所がない。女は一人では行こうとしない。郡部の場合は相談員が伴って列車やタクシーで行く。

売春から更生するには、さしあたっての住居と自活手段が必要である。婦人寮が先の二カ所の他の大野城市と飯塚市に設置され、四カ所になった。女を自宅に置いておくと危険な場合が少なくない。すぐに売られたり、虐待されたり、家出したり。それで県婦人対策相談所から婦人寮に連れて行く。ここは食費宿泊費など無料。そのかわり働く。近くの工場と契約している。縫製工場やパン工場やお手伝いさんとか。働いて得た賃金は係が貯金してやる。生活資金として積立てさせる。そして、これで大丈夫だと係も思い、本人もその気になり、職も決まれば、生活資金を持って寮を出て行き自立する。

それでも、出るや否や男から金を取りあげられ、売春でひっかかって戻ってくる女もいる。何度もくりかえす女もいる。

「あなたね、体をぼろぼろにしよるのよ、といってもわからないんです。だってお金になるもん、といって。そのお金も男にとられるんです。折半か四分六分で」

売春街の女にはさまざまな背景がある。その背景にまで個々に熟知して助力を惜しまぬかぎり、更生は困難だった。しばしば子持ちの女がいた。男は行方が知れない。その子が重度の障害児の場合もあった。相談員がつきそって手術を受けさせ、子を施設に世話したあと仕事につかせた。

性病が深化している女には生活保護をとって最低限の基盤を作ってやる。しかし子連れの場合は婦人相談員の対象ではないと上司にいわれたりする。それは母子相談員の対象となる。こうした場合は母子寮へ行かせるのが原則だった。しかし母子寮は家賃は無料だが、食事などは有料で、すぐに働いて食べねばならない。自活が原則だった。しかし原則どおりには収まらない場合が多くて、婦人相談員たちは役所の枠としばしばたたかった。

「なにをおっしゃいますか、女性で子供のいないほうが不自然でしょう。自活できるまで子連れでも婦人寮で保護するのが当然ではありませんか」と。それでも婦人寮には子供用に予算がない。幾度もかけあって、就学前の子ならいいということになった。

こうした個々の苦労がつみかさなる。そして業者の廃業期限が来て、社会に不可欠だといわれていた公許売春業が姿を消した。三三（一九五八）年四月一日、売春防止法の全面施行である。

福岡県は同年三月一五日、午後一一時赤線業者が一斉に灯を消した。福岡市の新柳町に最後まで残っていた旧遊廓は五九軒、従業婦四二五人。その周辺の特飲店七〇軒、従業婦二九〇人。新柳町は三七年八月に清川町と町名変更。駆梅院と呼ばれていた福岡診療所は三三年六月三〇日まで残務整理、建物はその後、産科桜町診療所となった。

法施行直前の健康診断は、諸方の保健所の医師が行ったが「いよいよこれで健診も最後という週には、ほとんどの女性が罹患していた」と県婦人相談員が記しているように（『売春防止法とともに』昭和五一年発行）、女の多くは心身を傷つけられ、転職のあてもなく、解放された。

次の聞き取りは炭坑町の赤線女性の後日談である。娼楼の女将をしていた。

「わたしのおやじは大納屋頭をしとった。気のふとか男でね。岩崎炭坑の一番納屋。わたしの母親は鞍手郡の古月村のもんたい。百姓の娘。おやじにかどわかされて、わたしがでけた。おやじが松隅炭坑でけんかして刑務所に入ったりして、捨てられて、わたしら長崎の対州炭坑に行っとったと。わたしと母親と。

わたしはそこで太うなっとるもん。それまでおやじのことは知らんじゃった。一二のとき、おやじの一番納屋へ引きとられたとばい。男ばっかしの大納屋。飯炊きの手伝いした。そのころ大納屋は無宿者がごろごろ居ったな。名前のないもんもおる。誰の子とも知れん。捨てられて大納屋やらで太うなっとる。転々として、名前つけてくれるもんが居らんまま太うなっとるたい。無宿もんとは無籍もんのことたい。戸籍がないと。戸籍やらいれんもんはいくらも居った。大正の終りごろから戸籍がうるそうなったと。

わたしは一番納屋に一五のとしまで居った。飯炊き。坑内に入って、スラもセナもした。おやじちゅうても、わたしを納屋の飯場に引きとったなりたい（引きとっただけです）。

遠賀川の唐戸のとこに塩湯のあった。その近くの料理屋ば叔父さんがしとった。藤崎炭坑の三番納屋のチヨさんを二号にして、そのチヨさんに料理屋ばさせよった。わたしは一八までそこで働いて、そしてこの家に嫁に来たと。おなごを置いとる遊廓たい。

その当時は、ここは、はあ、にぎおうとった。坑夫が通帳持っておなご買いに来よったね。おなごを通帳で買うとたい。炭坑が金を給料日に払う。通帳持って炭坑の事務所に金とりに行く。ずらっとこの堀川の並びは遊廓たい。炭坑は景気のよしわるしでキップで給料を払いよった。キップのときも、通帳の金は現金をもらう。のちにゃ、キップでももらった。（筆者注：炭坑ごとに独自に炭券と呼ぶ金券を発行して賃金に使った。鉱業所内の売店で物品購入に使わせた。しかし鉱業所外では通用しない。坑夫家族は一般の市場で通用しない金券を賃金として支払われ、外出も困難であった。売店の物品は限られていて、苦労した。金券をキップと通称した）

炭坑で働くもんは腹の太かったね。宵越しの金は持たん。ぱあ、と使う。それが誇り。そして納屋頭に前借する。独り者はみな、前借ばかし。前借でおなご買う。通帳は前借たい。通帳とは言わん。通《かよ》い、ていいよった。通いでおなご買う。

この並びは三等料理屋が、のちにゃ赤線ていうたが、二〇何軒並んどった。一軒に二二人のおなごがおったな。この並びを、いれずみした男がうろうろする。むかしは坑夫やら川舟船頭やら。ここ、まともに歩ききったら、一人前たい。ミナト屋、ヤナギ屋が筆頭。堀川の並びにずらっと並んで、唐戸のセキノ屋が打ちどめたい。

この料理屋街の、おかみのおチヨさんが生きとるうちに葬式したばい。わたしら、みんなで寺に参りに行った。子は持たんからな、自分で自分の葬式する。親きょうだいはおるが、あてにならん。子を売っとって、それでも金をせびりにくる。そげな親じゃろが。そいけん、生きとるうちに、お寺に金払って、自分の葬式するとたい。墓も建てた。岩崎の報講寺に墓あるばい。戒名ももろうた。

そげなことは遊廓のおなごの常識ばい。なんぼでもおるばい。この商売しよりゃ、子持たんじゃろうが。子持たん者は、この世の闇じゃ。戒名もらうとも、金いるけん。なかなか。

チヨさんな、墓建てて、さっぱりして、バクチしよったね、花札たい」

「売春防止法」施行まで開業していた赤線の娼楼で、女将だった女がさばさばと語った。ふっくらと小太りの人だった。聞き取りは昭和四七（一九七二）年のこと。おトラさんと呼ぶその老女のかたわらで、五、六人の女が花札をしていた。帰る家のない女たちだった。

女将の多くは誰かの二号さんだったが、筆者が訪問した人びとは、福岡市の旧赤線も含めて、みな、一人暮らしをしていた。老人ホームに入っている売れっ妓だった人もいた。転身してうどん屋などで働いていたのは、まだ三、四〇代の人だった。

「売春防止法」施行は、売春を潜在させ、トルコぶろなどの風俗営業をはびこらせた。その風土はからゆきさんならぬ、東南アジアから日本へやってくるジャパゆきさんを生んだ。また、海外への買春観光をひろげた。そして、なお、問題はつづくだろう。エイズも出現した。

しかし、女の身体を拘束して商品とする業種を、国が公許して保護する社会は、人間としてまことに苦しい。まず、そのような社会はまともではない、と、相互に決め合うことが大事だと思う。なぜ、その約束ごとが大切なのか。それを考え合う最低基盤が、占領政策下でむりやりに日本につくられた。が、考え合うことも約束の持続も、けっしてたやすいことではないのである。

あとがき

この小著は、久しく書きたいと願いながら容易に手がつけられなかったものの一つです。とても私一人の力では包みこめない時空をはらんでいました。でも、昭和初期に生まれて激変する時代を女として生きた私は、自分の体験と重なりつつ、なお深く混沌とひろがっている女性一般の社会的立場について知りたかった。私には、女とは生まれつき男よりも劣った人間なのだ、という性にともなう決定論が、納得できませんでした。そうではない筈だよ、そこには何かまやかしがあるよ、と、なぜ思いつづけたのか。おそらく、すべての女たちが同じ思いだったからなのでしょう。

ともあれ、近代化過程の女の歩みを自分で辿ってみたい、個的体験を多くの人から聞き取りつつ同時に全体史を踏みしめたい、と願っていました。たまたま福岡県庁が福岡県女性史刊行を企画し、編纂委員の一人に私も加えられ、足かけ四年の歳月をかけてこの春、『光をかざす女たち・福岡県女性のあゆみ』を出すことができました。

その編纂過程で、十余人の編纂委員の方々との話し合いをはじめ、協力委員の方たちの熱心な資料の掘り起こしがつづけられ、私は県女性史の担当分野を書き終えた頃には、かなりの視野を得ることができているのに気づきました。その余力を借り、これまで書いたり聞いたりしていたものをも資料の一端として加え、性差別の根源を見つける思いで、近代女性の全体像を、家制度下の女と公娼制度下の女とを同時に包みこむ形で辿ってみました。私は敗戦直後の学園で、女性史研究を数人の友人たちと始めた時の、茫漠とした思いが忘れられません。何一つ指針となるものは見えませんでした。ただ、敗戦の前も後も変わることなく「遊廓」で性を売らせられる同性がいること、買いに行く男がいて、その人びとが私をも眺めている様子だけが、しんしんとひびいていていました。

時代は大きく変わりました。私は今私に音を立ててとどいてくる近未来の、人間の姿について、まるで敗戦直後の「遊廓」の同性を思わずにおれなかったように、思わせられています。「近代」のツケが、みな明日の文明のゴミとして廻されるかのように。

女たちの今は、たしかに以前より自由になりました。性差別は基本的に否定されました。けれども自由な個人と、不自由な個人の差が、大人と子どもとの間にひろがったかの感がありま す。今のところ私たち日本の大人は、自分育てに奔走中です。女も男も、社会人も私人も、個人としての自分を生かす道を創造中です。そして、他人を個々人の内外にどのように発見すればいいのか、気にしつつ、先送りにしている状態がつづいています。その社会で、幼い他者である子どもたちが生まれ、育つ。

この書は、その今日の前史です。よりよい明日を求めつつ、私も今日に辿りついているところです。自責の念が湧いてしまう。

でも、元気を出したい。くりかえし。

この小著に大きな力を貸してくださった、福岡県女性史協力員の方々、わけても、熱心に多くの資料を探し出し、今もなお研究をつづけておられる次の方々に、心からお礼を申しあげます。安部明子さん、牛島漾子さん、重久幸子さん、竹森真紀さん、田辺むつみさん、辻照子さん、西嶋友子さん、原田由美子さん、横田武子さん、ほんとうに有難うございました。

また、小著の編集では、以前から数冊の書でお世話をいただいた小川哲生さんに、またお世話いただきました。有難うございました。

森崎和江

一九九三年五月

解説

上野千鶴子

森崎和江は一九六一年に『まっくら』［森崎 1961］を書いた。一九七六年には『からゆきさん』［森崎 1976］を書いた。

『まっくら』は炭鉱で働き、産み、育てる女の物語だった。『からゆきさん』は「おなごの仕事」で売られ買われ、子を産めない女の物語だった。前者は産む女、後者は産まない女、いや、前者は産ませられる女、後者は産ませてもらえない女だった。前者は子を産んだが、育てる余裕のない女たちだった。産んだが自分の手で子を抱きしめることもできず、毎日坑道の闇からはいあがる度にこういう思いを抱く女たちだった。

「坑内下がるときには思いよったあ。またあの子に遭えるじゃろうか、帰って抱いてやれるじゃろうか、もうあの子は母親を亡くすとじゃなかろうか。抱いてもらえん子になるとじゃなかろうか、と思わん日はいちんちもなかったなあ」［森崎 1961］

他方、苛酷な性労働を生き延びても、子を持つことを許されなかった女は「子持たん者は、この世の闇じゃ」［森崎 1961］と自分の運命を呪った。

その後、森崎は一九九三年刊の『光をかざす女たち・福岡県女性のあゆみ』［福岡県女性史編纂委員会編 1993］の編集委員に加わった。一〇人の編纂委員、それに加えて協力委員とともに、足かけ四年でこの地方女性史を分担執筆した。八〇年代後半から九〇年代前半にかけて、季《とき》は行政と草の根女性運動の蜜月時代だった。地方政治は「女性票」という新たな票田を見出し、[1]一九七五年の「国連女性の十年」以降、一九八五年の国連女性差別撤廃条約の批准を契機に、女性政策は上げ潮に乗っていた。各地の自治体主導で地方女性史が次々に刊行された。県や市町村が編集委員会を組織し、史料編纂室を準備し、出版事業を予算化した。だからといって、これらの地方女性史が官におもねったものになったというわけではない。自治体女性史はその編纂事業にすでに草の根で活動していた民間女性史家を動員した。行政主導の地方女性史からも次々とすばらしい成果が生まれている。たとえば『夜明けの航跡　かながわ近代の女たち』[神奈川県立婦人総合センター　神奈川女性史編纂委員会編 1987]や『岐阜県女性史　まん真ん中の女たち』[岐阜県女性史編纂委員会編 2000]などである。また地域史のなかに「女性史」の部門を含めるのは常識になった。沖縄県教育委員会が編纂した全二四巻からなる重厚な『沖縄県史』には、各論編の第八巻に「女性史」が含まれている[沖縄県教育委員会編 2016]。

　日本には一九七〇年に第二波フェミニズムの嚆矢となったウーマン・リブが産声をあげる以前から、地方女性史の草の根グループが各地にしっかりと根を張っていた。被差別集団が自己のアイデンティティを問うときに最初に向かうのは、黒人解放運動のときと同じように、「ルーツ探し」である。「わたし」はどこから来てどこへ行くのか？　わたしはなぜこんな経験をしなければならないのか？　その答を求めて。

敗戦後、日本の国家も社会も壊滅的な打撃を受け、文化も伝統もその信頼を失ったあとに、女性たちはむさぼるようにして女性の歴史へと向かった。当時彼女たちが手にすることのできた女性史のテキストは、井上清の『女性史』［井上 1948］と高群逸枝の『女性の歴史』［高群 1948］だけだった。井上女性史にいたっては唯物史観派である井上が「ついでに」女性史という応用問題を解いたという趣きで、井上はそもそも女性史の専門家ではなかった。いずれも抑圧から解放へという図式的な発展段階史観であったことに飽き足らない女性読者たちは、足元の地方女性史へと向かった。だが彼女たちが直面した現実は、書かれた史料を女性が残していないという事実であった。歴史の史は「史《ふみ》」の意、近世以前の日本女性の識字率は西欧にくらべてきわだって高いとはいえ、庶民女性の識字率は男性にくらべてはるかに劣っていた。[2]また文字の書ける階級の女たちが残した史料も、手紙や日記などの私文書に限られ、公文書を残す立場にはいなかった。

書かれた史料がなければ、生きた人間のもとへ赴けばよい。地方女性史は、空前の「聞き書き」ブームをもたらした。そのため地方女性史のなかには、『千代田区女性史（1996-2020）』［千代田区 2022］のように、一冊まるごとライフヒストリー集でできているものもある。静岡女性史研究会が八集まで積み重ねてきた『しずおかの女たち』も聞き書きの集成である。目に一《いっ》丁字《ていじ》もない庶民女性の聞き書きは、五〇年代から民間女性史家のあいだで普及し、彼女たちは自分たちの足元にある埋もれた歴史を掘り起こしに、母や祖母のもとへと赴いたのだ。七〇年代に山崎朋子の『サンダカン八番娼館』［山崎 1972］がベストセラーになることで、聞き書きはいよいよ注目を浴びた。のちに『オーラル・ヒストリー』［御厨 2002］の著者、御厨貴が「オーラル・ヒストリー」を定義して「公人の、専門家による、万人のための口述記録」としたが、それよりもっと以前に、女性史が無名の女たちのオーラル・ヒストリーを実践し普及し、歴史学へ持ち込んだ功績を忘れてはならない。

だが森崎が最も底辺の女坑夫、山崎が海外渡航の「醜業婦」を扱ったことで、これらの女性史は「底辺女性史」とも呼ばれた。それどころか、二重、三重の抑圧のもとにある、より差別された女性を扱う女性史こそ、「痛覚のある女性史」［鹿野 1989］と取られる傾向があった。女性は抑圧されていなければならない、抑圧されていてほしい…というのは、これもまた男性史家の女性に対する裏返しのロマンティシズムにすぎない。だから彼らは、中産階級の学歴の高い女たちの「自己解放」であるウーマン・リブやフェミニズムには不快感を隠さなかった［上野 1995］。

だが、地方女性史を担った女たちは、相対的に高学歴の中産階級の女たちである。森崎自身もそのひとりであり、また福岡県という自治体から任命された「識者」のひとりには違いない。この福岡県女性史編纂事業に関わることで、森崎はおそらく「労働者」と「娼婦」のほかに、もうひとつ「家婦」というカテゴリーを発見したことだろう。この体験は、女性を分断支配する「性の二重基準」にそって、重層的に女性を差別し抑圧する家父長制のトータルな構造の把握に、森崎を導いたことだろう。副題にある「娼婦と産婦による近代史」は、彼女のなかでこれまでべつべつの対象と見えた女たちを、統合的な視点から見ることを可能にしたことを示す。

そして一地方である福岡という場所に軸足を置いた調査と研究は、日本近代を照射する光源となったはずだ。

『買春王国の女たち』［森崎 1993］とはよくも名づけたものだ。本書を読む読者は、わずか一世紀前に、女性が家の内外で、モノとして、商品として、牛馬のごとき家畜として、一生忍従を強いられる下僕として……どのように扱われていたかを知って震撼するだろう。娘は売り買いされた。また家と家のあいだでやりとりされた。女には忍従のほか選択肢はなかった。反抗すればもっと厳しい打擲が待っていた。男には多妻も畜妾《ちくしょう》も許され、主人やその息子は奉公人に手をつけ、孕ませた。悪所通いも女郎買いも男の道楽だった。その気になればいつでも凌辱することのできる女がそこには待っていた。避妊せずに性交し、妻を次々に孕ませた。闇の堕胎や嬰児の圧殺を、自分は手を下すことなく、女に強いた。

セクシュアル・ハラスメントという用語も、ドメスティックバイオレンスという概念も、まだこの世に存在しなかった。だが、こんなふうに書き連ねると、今とどう違うというのだろう？　男が風俗に通い、少女がＳＮＳで「神待ち」[3]をし、上司が部下をセクハラし、実父や義父が娘を長期にわたって性虐待し、避妊なき性交に妻が妊娠の恐怖に怯え、女子大生が産み落とした嬰児を公園の片隅に埋める…そんな事件が次々に目の前で起きる、この時代と？

そんな時代のただなかで、森崎は生まれ育った。そして「女」であることと格闘した。

どんなにきびしい闘いだっただろうか、と気が遠くなる思いがする。「私には、女とは生まれつき男よりも劣った人間なのだ、という性にともなう決定論が、納得できませんでした」と彼女は本書の「あとがき」で書く。森崎の生きた時代には、この事実を社会に対して証明することも、納得させることも、困難だっただろう。「決定論」とあるとおり、それは予め決まった事実、疑えない自然だったのだ。二〇世紀の後半に世界をゆるがしたフェミニズムという思想は、この人間のあいだでもっとも自然化された決定論を、脱自然化するものだった。それはあらゆる差別のなかで最後の差別、人種や階級や障害などの差別が後景化したあとに、はじめて前景化した差別だった。性による処遇の違いを「差別」と呼ぶことは、男女を問わずひとびとの「常識」を逆撫でしたから、抵抗に遭うのも当然だった。

二一世紀の今日、「女とは生まれつき男よりも劣った人間なのだ」と信じる若い女性に、わたしはただのひとりも会ったことがない。だが彼女たちの母や祖母のなかには、いまだにそう信じる者たちがいるために、女たちの世代間のギャップは大きい。それはそれほど、女性の変化が短期間に急速に起きたことを証明する。

「家婦」「労働婦人」「娼婦」の三つのカテゴリーに女は分断支配され、互いに隔離されて反目を強いられる。家婦は労働婦人（それは働かざるをえない女に対する蔑称だった）を階級的に蔑視し、性規範の上から娼婦を差別する。自分が労働婦人や娼婦の立場に身を落とすことがあろうとは想像もせず、また彼女たちは互いに交わる接点も持たない。家婦の貞操は「守られる」が、言い換えれば監視され、貞操を強いられる。森崎の筆は姦通罪の片面性に切り込む。男の性は自由なのに、いったん男に所属した女の性は、正妻であると妾《めかけ》であるとを問わず、管理下に置かれる。なぜなら妻は男のモチモノだからだ。

労働婦人たちは夫の横暴や遺棄、そして何よりも貧困のために最底辺の賃労働に従事する。子どもを自分の乳で抱いて育てる自由もない。農家の女たちは何よりも労働力として家に迎えられ、保育所もない時代には、子どもを育てるのはもはや労働に耐えなくなった祖父母や、近隣の共同体の役目である。女坑夫は男と共に前山・後山の一組の労働団を組んで、一日中命がけで坑内で働く。炭鉱住宅には保育所ができたが、森崎は保育所が、児童福祉施設ではなく、女性を労働に駆り出すための施設であることを指摘する。そのとおり戦後の保育行政は児童政策でも家族政策でもなく、何よりもまず労働政策であった。そして女性労働者には、当然のようにセクハラがつきまとっていた。奉公人の女性は主人やその息子に犯され、孕まされ、男は責任をとることなく、「身持ちの悪い」女として里に帰す。女は罰されるが男は罰されない。なぜなら「貞操を守る」責任は女の側にあるからだ。

娼婦は人身売買のもとで奴隷状態に置かれた最底辺の女たちだ。産児制限の一種である「子戻し」「子返し」のなかでも女の子は救われる、なぜなら「売れる」からだ。父や夫にとっては、娘や妻は所有物にすぎないことがよくわかる。人身売買が年季奉公のような「契約」に置き換わっても、実態は少しも変わらない。明治政府のもとでの「公娼制」がどのような紆余曲折を経て、業者の利益を守ったかを森崎は克明に描きだす。売淫廃止に政治家が消極的なのは、彼ら自身がその有力な顧客だからだ。伊藤博文の乱倫は有名だし、男女同権を唱えた植木枝盛にしてからが、民権演説会で各地を廻るたびに、「○○にて登楼す」と臆面もなく『植木枝盛日記』に書く。売られた女に人権はない。彼女たちは隔離され監禁され、外出の自由もないから、家婦や労働婦人と接触の機会もないだろう。家婦が産む性、避妊もなく産まされる性だとしたら、娼婦は産めない性、産むことを禁じられる性だ。

だが肉体の自然は彼女たちに妊娠をもたらす。刑法堕胎罪は彼女たちには適用されず、野蛮で苛酷な中絶が行われる。彼女たちは子をなすことを認められないばかりか、再生産さえ期待されない消耗品扱いであった。多くの娼婦が二〇歳までに死んでいったという事実はそれを証明する。売春公許の最低年齢を一四歳とするか一六歳とするかの攻防は、性産業がどれほど政治とふかく結びついているかを示す。そしていずれの規制も「植民地を例外」としたことは、植民地人の人権もまた、無視されたことを意味する。

女を分断支配する家父長制には、それぞれ家父長制の代理人というべき女がいた。家婦は家の最底辺の労働力である「嫁」として婚家に入り、「牛馬に劣る」扱いを受けた。嫁の労働を差配し、管理したのは戸主の妻である姑である。森崎は嫁の立場の女がどれほどの苦役やひもじさに耐えたかを聴き取りするが、嫁にそれを強いた姑も、過去に同じ経験をしてきたはずなのだ。森崎が福岡女性史を執筆したときの元「嫁」たちは、おそらく日本社会における最後の嫁世代、自分たちは姑に仕えたが、自分の息子の嫁たちにはもはや仕えてもらえない過渡期の世代だったことだろう。

他方、娼婦には遣り手婆と呼ばれる仲介人がいたし、また女を束ねる娼楼の女主人もいた。芸妓娼婦の「上がり」は、他の女たちの搾取者になることだった。家父長制の狡知は、その協力者たる女に相応の報酬を提供することにある。家父長制は女の協力なしには維持されない。

彼らは自ら手を下すまでもなく、その「代理人」に搾取と抑圧の行使を委ねるのだ。植民地支配もまた、同じであろう。

公娼制は日本の海外進出に伴って東南アジア各地に波及した。「からゆきさん」である。森崎は言及していないが、北米移民にともなってカナダやアメリカに性を売りに行った「あめゆきさん」もいた。戦前の日本は移民送出国であり、性産業に従事する女の輸出国である貧しい国だったのだ。半世紀後には人流は逆流し、日本の男は東南アジアに「セックス・ツアー」に出かけるようになり、さらにアジアの女たちが日本に来る「じゃぱゆきさん」になったが、男のふるまいは少しも変わらない。

それだけではない、日本の軍事侵略に伴って軍隊の行く先々に、女がついていった。公娼制の背景があったからこそ、軍隊慰安婦制度ができたことは、今日の研究成果から明らかにされている。加納実紀代のいう「銃後史」［加納 1987］のなかでの「貞女と慰安婦」の対立は、家婦と娼婦の対立の戦争版である。出征兵士の妻の貞操は、監視され守られなければならなかったが、他方、慰安婦の性は蹂躙され酷使された。貞女は慰安婦を侮蔑し、そのため日本赤十字の従軍看護婦たちは慰安婦が看護婦まがいのふるまいをすることを嫌がった。だが、彼女たちもまた慰安婦同様、性の対象になっている事実を認めることには抵抗が伴った。女の種類別カテゴリーは、ご都合主義的に乗り越えられる。娼婦に限らず、家婦も労働婦人も性の対象となってもてあそばれ、犯され、そして捨てられる。

性が売り買いされるところでは、どんな女も「安全圏」にはいられない。それどころか歴史が下るにしたがって家婦、労働婦人、娼婦の距離は接近し、境界は低くなった。家婦は家に留まることなく労働の場に出ていったし、「良家の子女」も敗戦後にはパンパンになった。男が女に向ける性的な視線は、公許の買春地帯がなくなったことでかえって遍在し、ついには「使用禁止の身体の持ち主」[大塚 1989] である制服の少女にまで、男が「キミ、いくら?」と無遠慮に声をかけるようになった。家が安全な場所ではなく、外をさまよう少女たちに一夜の宿を提供しようという男たちに下心がないわけはない。売るつもりはなかったのに、結果として「買われて」しまった少女たちに手を差し伸べる支援団体「Colabo」が、「私たちは買われた」展を開催したことで、男たちの憤激を買った。ネオリベラリズムの「自己決定・自己責任」の論理で、おまえたちが売ったのだろう、オレたちが買ったのではない、と言い募る。そういう少女たちを風俗産業が吸収していった。一八歳未満の少女を働かせることを禁止する風営法のもとで、年齢をいつわって働く少女は、もはや親に売られた娘ではなく、自己身体を自由に処分する「主体」となった。貧困を救うための「風俗は最後の社会保障」と言われる世の中で、同じように家からはみだした少年たちから、少女たちは「キミらはいいよな、売るものがあって」と言われる。だがその少年たちもまた、少女たちに暴力をふるい、強姦し、売春させ、貢がせる。

二〇二三年に成立した改正刑法は、性交同意年齢を一三歳から一六歳に引きあげたが、その審議の過程にも男たちの抵抗があった。なぜなら…男たちが女を性的客体として消費したがっているからだ。「中学生の女の子が中年の男に真剣な恋愛感情を持つこともある」というレトリックを行使して。吐き気がする。こんな社会の現実は、森崎が描いた「買春王国」とどこが違うというのか？

一九五八年、たびかさなる廃案を重ねてきた「売春防止法」が成立したときの感慨を、森崎はこう書く。

「巷から公認された売買春が姿を消した当時の、はればれとした思いがよみがえる」［森崎1993］

もちろん売春防止法が成立しても、売春は無くならない。それどころか森崎のいうとおり、「売春防止法施行は売春を潜在させ」た。同時期に施行された風営法は、売防法をザル法とした。性産業とその法的規制のあいだには、抜け穴や裏ワザなど、いたちごっこのような競い合いがある。売防法の成立にあたっては、斡旋業者や買春客のみならず、売春女性をも違法化することへの問題性だけでなく、その成立に尽力した女性政治家たちに「淪落の女」に対する娼婦差別があったことなどに対して、後進の女性歴史家から批判を受けてもいる［藤目1997］。また買春は犯罪化するが、売春は犯罪化しないという北欧型の法律も登場した。「セックスワークはワーク（労働）だ」というセックスワーク論が台頭して、性産業を合法化せよ、その方がセックスワーカーの人権が守られるという議論が出てくるようになった。ドイツやオランダのようにすでにセックスワークを合法化した国も登場した。性産業に対する各国の対応はさまざまである。

だが森崎は言う。

「女の身体を拘束して商品とする業種を、国が公許して保護する社会は、人間としてまことに苦しい。まず、そのような社会はまともではない、と、相互に決め合うことが大事だと思う」[森崎 1993]

買春が違法化され犯罪になっても、おそらく買春はなくならない。痴漢が犯罪化されても痴漢はなくならないし、盗撮が違法化されても盗撮はなくならないだろう。殺人が犯罪化されても殺人がなくならないのと同じである。だが森崎と同じように、わたしは九〇年代半ばに東京都の地下鉄駅構内で「痴漢は犯罪です」というポスターを見たときの感動を忘れない。痴漢はあってあたりまえ、痴漢に遭ったこともないおまえは値打ちがない、とすら思われていた痴漢を、あってはならないこととして社会が合意したのだ。買春もなくなりはしないが、やっている男たちが自分はやってはならないことをやっていると自覚するのとでは違いがある。「男の性欲はコントロールできない」と開き直るためのボキャブラリィを失い、一部の男は恥じるだろう。そうあってほしい。

森崎にとって性は、思想と身体とが一致して他者に対して開かれる、自我を超え出る経験だった。「女の解放と自由というとき、犯しあうことのない性の空間が現実につくれるか」と問いつづけた彼女は、「女の抱き方を知らん男は、本質において人間をしめ殺しよる」とも言った[上野 2022]。女は今でも家父長制に「しめ殺され」つづけている。

「買春王国」を過去のものと思ってはならない。「買春王国」の小暴君たちに踏みにじられて泣いている若い女や若くない女たちを、わたしたちは今日も救うことができないでいるのだから。

注

1 戦後有権者の投票行動を研究してきた政治学者によると、それまで女性票は家族票の一部としてしか動いてこなかった。女性票が家族票から離れて独自の動きを始めるのは一九八九年、土井社会党が大躍進した「マドンナ選挙」まで待たなければならない。これ以降、女性票は若者票とならんで先の読めない浮動票となり、自治体首長選挙のような直接民主主義の要素の強い選挙では、候補者は女性票の動向を気にせざるをえなくなった。

2 近世日本の女性の識字率はおよそ3割と言われ、同時期の西欧にくらべてもきわだって高いことが知られている。だが明治になってから義務教育制が施かれても就学率には大きな男女差があった。

3 家出した少女がSNSで「今夜タダで泊めてください」とメッセージを送ると、ただちに返信して一夜の宿をオファーする下心のある男を「神」と呼び、それを探す少女を「神待ち」と呼ぶ俗語。

参考文献

上野千鶴子 1995「歴史学とフェミニズム」［上野 2002］

上野千鶴子 2002『差異の政治学』岩波書店、新版 2015、岩波現代文庫

上野千鶴子 2022「わたしたちはあなたを忘れない」『現代思想』増刊「森崎和江追悼特集」青土社

大塚英志 1989『少女民俗学』光文社

沖縄県教育委員会編 2016『沖縄県史』各論編第八巻「女性史」沖縄県教育委員会

鹿野政直 1989『婦人・女性・おんな』岩波新書

加納実紀代 1987『女たちの〈銃後〉』筑摩書房

高群逸枝 1948『女性の歴史』印刷局

千代田区 2022『千代田区女性史（1996-2020）』ぎょうせい

藤目ゆき 1997『性の歴史学　公娼制度・堕胎罪体制から売春防止法・優生保護体制へ』不二出版

御厨貴 2002『オーラル・ヒストリー』中公新書

森崎和江 1961『まっくら　女坑夫からの聞き書き』理論社

森崎和江 1976『からゆきさん』朝日新聞社

福岡県女性史編纂委員会編 1993『光をかざす女たち・福岡県女性のあゆみ』西日本新聞社

森崎和江 1993『買春王国の女たち　娼婦と産婦による近代史』宝島社
山崎朋子 1972『サンダカン八番娼館　底辺女性史序章』筑摩書房
岐阜県女性史編纂委員会編 2000『岐阜県女性史　まん真ん中の女たち』岐阜県
神奈川県立婦人総合センター　神奈川女性史編纂委員会編 1987『夜明けの航跡　かながわ近代の女たち』ドメス出版
井上清 1948『日本女性史』三一書房

本書は、『買春王国の女たち――娼婦と産婦による近代史』(宝島社、一九九三年)を底本とした。

森崎和江（もりさき・かずえ）

1927年朝鮮大邱生まれ。福岡県立女子専門学校（現・福岡女子大学）卒。詩人・作家。谷川雁・上野英信・石牟礼道子などと「サークル村」をおこし、文化運動・大正炭坑闘争を闘う。現在、執筆活動・テレビなどで活躍した後、2022年に95歳で死去。主な著書に、『まっくら』『奈落物語』『からゆきさん』『荒野の郷』『悲しすぎて笑う』『大人の童話・死の話』『第三の性』『慶州は母の呼び声』など多数。詩集に『かりうどの朝』『森崎和江詩集』など。

論創ノンフィクション 047

買春王国の女たち ――娼婦と産婦による近代史――

2024年2月1日　初版第1刷発行
2024年4月15日　初版第2刷発行

著　者　森崎和江
発行者　森下紀夫
発行所　論創社
　　　　東京都千代田区神田神保町 2-23　北井ビル
　　　　電話　03（3264）5254　振替口座　00160-1-155266

カバーデザイン　奥定泰之
組版・本文デザイン　アジュール
印刷・製本　精文堂印刷株式会社
校　正　内田ふみ子
編　集　谷川 茂

ISBN 978-4-8460-2346-1 C0036